ULLSTEIN

Das Buch

Hildegard Hamm-Brücher hat sich nie vereinnahmen lassen, ist stets für ihre Überzeugungen eingetreten und war immer wieder bereit, auch den unbequemen Weg zu gehen. Diese konsequente Haltung hat ihr viel Zustimmung und Anerkennung in der Öffentlichkeit eingebracht, oft aber auch Ärger mit ihrer eigenen Partei, der FDP, der sie als liberales Urgestein 54 Jahre angehörte, bevor sie 2002 austrat. Über ein halbes Jahrhundert nach ihrem Eintritt in die Politik hat sich die große deutsche Nachkriegspolitikerin den Fragen junger Leute zu politischen, aber auch ganz persönlichen Themen gestellt. Die Gesprächsleitung führte die bekannte TV-Journalistin Sandra Maischberger. Hildegard Hamm-Brücher lässt hier ihr bewegtes Leben und ihre wechselvolle Karriere Revue passieren, bewertet Vergangenes neu, bezieht Stellung zu aktuellen politischen Themen und entwirft liberale Wege für die Zukunft. Die kritische (auch selbstkritische) Bestandsaufnahme einer lebensweisen Frau – lebendige Zeitgeschichte, die aufwühlt und Mut macht.

Die Autorinnen

Hildegard Hamm-Brücher, Jahrgang 1921, promovierte Chemikerin, war von 1946 bis 1949 Redakteurin bei der Münchner *Neuen Zeitung*. Sie wurde 1948 Mitglied der FDP und war bis 1991 aktiv in der Politik tätig: als Stadträtin, Landtagsabgeordnete, Staatssekretärin und Staatsministerin. 1994 kandidierte sie für das Amt des Bundespräsidenten. Nach den Bundestagswahlen im September 2002 trat sie als Reaktion auf den umstrittenen populistischen Wahlkampf ihrer Partei nach 54-jähriger Mitgliedschaft aus der FDP aus.

Sandra Maischberger, Jahrgang 1966, leitet nach Stationen beim Bayerischen Rundfunk, Spiegel TV und freier Tätigkeit für Premiere, den WDR, SAT1 und RTL heute die nach ihr benannte Talkshow bei n-tv sowie die ARD-Sendung *Menschen bei Maischberger*.

In unserem Hause ist von Sandra Maischberger bereits erschienen:

Hand aufs Herz. Helmut Schmidt im Gespräch mit Sandra Maischberger

Ich bin so frei

Hildegard Hamm-Brücher
im Gespräch mit
Sandra Maischberger

Ullstein

Besuchen Sie uns im Internet:
www.ullstein-taschenbuch.de

Umwelthinweis:
Dieses Buch wurde auf chlor- und säurefreiem Papier gedruckt.

Ullstein Verlag
Ullstein ist ein Verlag der Ullstein Buchverlage GmbH, Berlin.
1. Auflage Oktober 2004

Umschlaggestaltung: Thomas Jarzina, Köln
Titelabbildung: Christian G. Irrgang, Hamburg
Gesetzt aus der Sabon
Druck und Bindearbeiten: Ebner & Spiegel, Ulm
Printed in Germany
ISBN 3-548-36681-3

INHALT

VORWORT

Die Interviews zu diesem Gesprächsbuch mit Sandra Maischberger wurden Ende Januar 2003 im Verlagshaus Ullstein Heyne List in München aufgezeichnet. Zu den beiden ersten Gesprächsrunden, die am Samstag, den 24. Januar stattfanden, waren darüber hinaus sechs junge, politisch interessierte Menschen aus unterschiedlichen Lebensbereichen geladen, die mit ihren Fragen zur Vielfalt der hier behandelten Themenbereiche beigetragen haben: Ayla Busch-Muderris, Lena Gorelik, Alexander Kilz, Reni Maltschew, Rupprecht Podszun und Tobias Winstel.

Mein besonderer Dank gilt allen voran Sandra Maischberger, die mich mit ihren bohrenden Fragen herausgefordert und zum Nachdenken gezwungen hat. Damit hat sie von Neuem bewiesen, dass sie nicht nur eine exzellente Fragen- und Fallenstellerin, sondern auch eine bis in die Details informierte Journalistin ist. Sie hat mir – bisweilen knallhart – auf den Zahn gefühlt, aber nie auf die Füße getreten, das heißt, mich nicht unfair aus dem Gleichgewicht bringen wollen.

Das gilt auch für meine sechs jungen Gesprächspartner, von denen ich drei bereits kannte. Sie erwiesen sich als kompetent, in keiner Weise devot und ebenfalls sehr gut informiert. Ihre Fragen waren so anregend, dass ich es für erstrebenswert hielte, wenn sich Politiker des öfteren nichtprofessionellen Interviewern stellen würden.

Das entscheidende Verdienst, dass dieses Gesprächsbuch konzipiert und realisiert wurde, haben die damalige Leiterin des Econ Verlages Margit Ketterle, ihre Mitarbeiterin Regina Carstensen, die die Interviewergebnisse in eine lesbare Reihenfolge gebracht hat, und die Lektorin Bettina Eltner. Immer, wenn mich Zweifel plagten, halfen sie mir darüber hinweg. Sie ermutigten mich auch, auf unbequeme Fragen möglichst offen, möglichst wahrhaftig und möglichst verständlich zu antworten. Und schließlich konnten sie mich, als mir meine Antworten schriftlich vorlagen, dazu bewegen, am Konzept des gesprochenen Wortes festzuhalten. So sind hier auch einige durchaus kritische und strittige Meinungen und Urteile festgehalten, die ich im Laufe der Gespräche geäußert habe.

Die Titelformulierung *Ich bin so frei*, die ein Vorschlag des Verlages war, ist wie eine Art Losung für mein Leben und passt deshalb auch als Motto für dieses Buch. Es ist nicht als Generalbeichte zu verstehen, wohl aber als eine Art Rechenschaftsbericht, nicht als geschönte Selbstdarstellung, sondern als kritische – vor allem auch selbstkritische – Bestandsaufnahme. Ich würde mir sehr wünschen, dass dies auch beim Leser so ankommt. Vielleicht kann dieses Buch sogar dazu beitragen, mein fünfundfünfzigjähriges Engagement und Wirken (besser) zu verstehen.

Es ist klar, dass vieles, was Ende Januar 2003 noch ganz oben auf der politischen Tagesordnung stand, zum Teil heute schon wieder von neuen aktuellen Geschehnissen überholt worden ist. Wir leben nun einmal in einer sich außerordentlich schnell verändernden Zeit.

Dennoch habe ich dem ursprünglichen Text – nach reiflicher Überlegung – keine weiteren Erklärungen oder Ergänzungen hinzugefügt. Das Buch ist und bleibt eine Momentaufnahme und stellt insofern einen Beitrag zur Zeitgeschichte dar.

Und noch ein Letztes: Immer wieder habe ich gezögert, die zum Teil sehr persönlichen Passagen und Einblicke in mein Innenleben zur Veröffentlichung freizugeben. Die betreffenden Textabschnitte hätte ich allerdings nicht einfach streichen können. Zudem wäre das intensive und aufrichtig geführte Frage- und Antwortspiel dann zumindest geglättet und geschönt, vielleicht sogar verfälscht worden. Deshalb bietet das Buch in seiner jetzigen Form auch Angriffsflächen. Dennoch bin ich so frei zu hoffen, dass meine Leserinnen und Leser hier mehr über unsere Zeitgeschichte erfahren als aus wissenschaftlichen Abhandlungen und über eine Politikerin, die leidenschaftlich daran Anteil genommen hat.

Hildegard Hamm-Brücher

DIE TEILNEHMER

Sandra Maischberger
geboren 1966 in München, nach Abitur 1985 und Ausbildung an der Deutschen Journalistenschule in München arbeitete sie zunächst im aktuellen Radioprogramm des Bayerischen Rundfunks. 1989 übernahm sie die Moderation der erfolgreichen Jugendsendung »Live aus dem Schlachthof« beim Bayerischen Fernsehen; 1991 Co-Moderatorin von Erich Böhme bei »Talk im Turm«. Nach Stationen bei Premiere, Spiegel TV und freier Tätigkeit für den WDR, das ZDF und den Bayerischen Rundfunk leitet sie die nach ihr benannte Gesprächssendung bei n-tv sowie die ARD-Sendung »Menschen bei Maischberger«. Ihr Gesprächsbuch »Hand aufs Herz« mit Helmut Schmidt erschien 2001.

Ayla Busch-Muderris
geboren 1969 in Istanbul, verheiratet, eine Tochter. Studium der Politik, Philosophie und Wirtschaftswissenschaften an der Oxford University, Großbritannien. Anschließend MA-Studium an der Harvard University und MBA-Studium an der Harvard Business School, USA. 1994 Assistentin der Geschäftsführung im Familienunternehmen Busch Holding GmbH, seit 1997 Direktorin. Verantwortlich für Controlling, Strategie und Human Ressource Management.

Lena Gorelik
geboren 1981 in Sankt Petersburg, 1992 Emigration mit den Angehörigen als jüdische Kontingentfamilie nach Deutschland, Ausbildung an der Deutschen Journalistenschule und Studium der Kommunikationswissenschaften, Politologie und Soziologie in München. Gründungsmitglied der liberalen Organisation für junge Erwachsene »jung und jüdisch Deutschland«.

Alexander Kilz
geboren 1967 in Worms, ledig, ein Sohn. 1989 Medizinstudium in Hannover, 1992 Ausbildung zum Physiotherapeuten in Lübeck. Seit 2000 angestellt im Reha-Zentrum in Hamburg-Harburg.

Reni Maltschew
geboren 1976 in Cottbus, Studium der Rechtswissenschaften an der Universität Potsdam. Seit Oktober 2000 Doktorandin und wissenschaftliche Mitarbeiterin am Lehrstuhl für Bürgerliches, Handels- und Wirtschaftsrecht an der Universität Potsdam. Mitglied im Kuratorium der Theodor-Heuss-Stiftung – Arbeitsschwerpunkt: Etablierung einer innovativen Demokratiepolitik in Deutschland.

Rupprecht Podszun
geboren 1976 in Brilon, Studium der Rechtswissenschaften in Heidelberg, London und München. Rechtsreferendar; zurzeit Doktorand am Max-Planck-Institut für Geistiges Eigentum, Wettbewerbs- und Steuerrecht in München.

Tobias Winstel
geboren 1972 in München, nach dem Abitur Lehre zum Verlagsbuchhändler. Von 1995 bis 2001 Studium der Geschichte, Germanistik und Romanistik in München und Paris. Seit Herbst 2001 wissenschaftlicher Mitarbeiter am Lehrstuhl für Zeitgeschichte der Universität München in einem staatlich geförderten Forschungsprojekt über die fiskalische Verfolgung der Juden in Bayern.

ERSTE GESPRÄCHSRUNDE

Hildegard Hamm-Brücher, Sandra Maischberger, Ayla Busch-Muderris, Lena Gorelik, Alexander Kilz, Reni Maltschew, Rupprecht Podszun und Tobias Winstel

Frau Hamm-Brücher, es gibt keinen Zeitungsartikel über Sie, der auf die Wortfolge »große«, »alte« und »Dame« verzichtet. Nervt Sie das eigentlich?
Sie gefällt mir auch nicht besonders. Aber ein solches Etikett kann man aus eigener Kraft nicht loswerden – loswerden kann man es nur, wenn die Journalisten einsehen, dass sie sich etwas Neues ausdenken müssen.

Wer hat diesen Begriff erfunden?
Das weiß ich nicht. Jedenfalls kursiert diese Bezeichnung seit meinem Ausscheiden aus dem Bundestag, das war 1991. Besonders häufig fiel sie bei meiner Kandidatur als Bundespräsidentin 1994. Viele Journalisten wollten wohl aus mir einen »interessanten« Typ machen, fanden es wohl auch mühsam, dass ich eine Politikerin bin, die so gar nicht den üblichen Klischees entspricht. Also suchten sie nach griffigen Formulierungen, um mich letztlich auch wieder in eine Schublade zu packen. Der Ausdruck »große alte Dame« blieb aber immer an mir haften, geradezu unverändert, einzig die Beigaben variierten. Mal wurde der Liberalismus bemüht, dann die FDP, nicht selten auch die Demokratie. Einmal war ich auch »Deutschlands große alte Dame«. Eigentlich fand ich das einfach scheußlich – na, scheußlich ist vielleicht

übertrieben, denn man sollte solche Dinge nicht so wichtig nehmen. Aber manchmal ist es ärgerlich, wenn diese Abstempelungen nicht wegzubekommen sind. Neulich habe ich in einer Diskussion gesagt, als wieder einmal jemand darauf beharrte, dann lassen Sie es doch bei »alt«. Das war natürlich ein bisschen kokett.

Ich fand den Ausdruck »Dame« aber bereits 1976, als Sie Staatsministerin im Auswärtigen Amt waren.
Ach, im Auswärtigen Amt schon?

Das erstaunt Sie?
Aber da war ich doch noch nicht alt!

Und kurz zuvor galten Sie noch als »Wundermädel«. Das war in den Sechzigern, als Sie Staatssekretärin im hessischen Kultusministerium waren. Anscheinend war für Sie der Schritt vom »Wundermädel« zur »Dame« nicht so schnell nachvollziehbar?
Jahrzehntelang war ich in der Politik immer die Jüngste und zudem die einzige Frau. Damit musste ich mich ständig auseinandersetzen. Also wenn Sie mich fragen, wie man plötzlich eine Dame wird, dann kann ich Ihnen nur sagen: »Tut mir Leid, ich weiß es nicht. Ich habe das nie geplant.« Früher hatte für mich der Begriff »Dame« eher einen negativen Beigeschmack. Ich verstand darunter eine eingebildete »Schickse«, die sich mit Klunkern behängt, der neuesten Mode hinterherläuft, auf andere herabblickt und im Leben keinen Finger krumm macht oder vielmehr nur spreizt, wenn sie Tee trinkt. Heute kann ich mit diesem Attribut besser umgehen. Als Dame wurde ich bezeichnet, als ich Staatsministerin im Auswärtigen Amt war und an der Seite von

Hans-Dietrich Genscher herumreiste, oder auch allein, als seine Vertreterin. Ich konnte den ausländischen Gastgebern zeigen, dass eine deutsche Politikerin in Aussehen und Verhalten durchaus kein Aschenputtel sein muss. Möglicherweise reift man in bestimmten Positionen und auch im mittleren Alter zur Dame heran, ohne dass man etwas davon merkt. Joschka Fischer sieht in seinem Dreiteiler ja auch wie ein Herr aus.

Würden Sie mir zustimmen, wenn ich sage, dass sich hinter der großen Dame noch ein ziemlich freches, junges Mädchen versteckt?
Das junge Mädchen spüre ich weniger, aber die freche Göre schon mehr.

Mit einer Grande Dame wird auch immer etwas Feines impliziert. Dabei habe ich festgestellt, dass Sie verbal auch ziemlich brachial sein können. Im März 2001 haben Sie beispielsweise an Herrn Westerwelle und Herrn Möllemann geschrieben, die FDP solle sich beim »Abschaum der Spaßgesellschaft nicht mehr anbiedern«. Warum so hart?
Ich schrieb meine »Ratschläge aus der Provinz« kurz nach dem Besuch der beiden im »Big Brother«-Container. Mich hatte das Verhalten des FDP-Spitzenduos irritiert. Das war geschmacklos. Ich verstand zwar, dass sich die FDP neu aufstellen wollte, um sich nicht länger als ein Anhängsel der CDU zu verstehen, aber hätte es dazu bedurft, in diesen Container zu gehen und Big Brother auf die Schulter zu klopfen? Ich fand das primitiv.

Aber die Formulierung »Abschaum der Spaßgesellschaft« ist nicht zimperlich.

Sie ist deftig, das mag schon sein. Ich übertreibe gelegentlich. Manche Worte rutschen mir einfach so raus. In solchen Momenten denke ich nicht darüber nach, ob sie angemessen sind oder nicht. Es passiert einfach. Mögen solche Formulierungen für einige Menschen eine Unart darstellen, weil sie verletzend sein können, ich möchte mir diese Unart aber nicht abgewöhnen. Sie ist Ausdruck dafür, wie ich mich oft spontan exponiere. Erst im Nachhinein versuche ich dann, vor mir Rechenschaft abzulegen: Habe ich rechtzeitig die Kurve gekriegt oder bin ich da in etwas hineingerutscht, was mir nicht entspricht? Damals habe ich jedenfalls keine Reue bei mir entdeckt. Auch wenn es vielleicht unfeine Worte waren.

Haben Westerwelle und Möllemann es mit ihrem Container-Besuch aber nicht geschafft, eine Schicht von jungen Leuten anzusprechen, die wir mit diesem Buch möglicherweise nicht erreichen?
Wenn man vom gesellschaftlichen Establishment direkt in den Container steigt, dann ist das nicht sehr glaubwürdig. Zudem vergisst man die große Zahl derer, die in der Gesellschaft für politisch liberale Überzeugungen und Zielsetzungen gewonnen werden können. So habe ich zum Beispiel nie erlebt, dass Herr Westerwelle Versammlungen von Studenten oder der Gewerkschaftsjugend besuchte. Er ist auch nicht regelmäßig in Schulen gegangen, was ich heute noch tue. Insofern war die »Big Brother«-Demonstration sicher ein mehr oder weniger guter Gag, aber sie ist kein Mittel, um uns Liberale – ich sage immer noch »uns«, im Kopf und im Herzen bin ich ja Liberale geblieben – aus dem Milieu der »besser Verdienenden« herauszuholen. Im Prinzip halte ich das

auch für wichtig, aber als »Show« nicht erfolgversprechend. Schon zuzeiten als wir noch mit Kohl koalierten, plädierte ich vehement für eine Öffnung der Partei. Westerwelle und Möllemann zogen mit ihrem Container-Auftritt – wie gesagt – nur eine Show ab. Die Verdrossenheit der Jugendlichen am Parteiensystem haben sie damit nicht ändern können. Das wäre die eigentliche Aufgabe, aber leider gelingt dies keiner Partei auch nur ansatzweise. Mit einem »Guidomobil«, und sei es noch so jugendkultig, lässt sich das nicht erreichen.

Lässt sich Ihre Beziehung zur FDP, die immerhin vierundfünfzig Jahre währte, als eine enttäuschte Liebesgeschichte bezeichnen?
Eine Liebesgeschichte war es nicht, wohl aber eine starke Beziehung.

Die damit endete, dass Sie am Tag der Bundestagswahlen, am 22. September 2002, ein Schreiben an Guido Westerwelle in den Briefkasten steckten, in dem Sie Ihren Parteiaustritt erklärten.
Ich hatte schon im Juni, nachdem der fanatisch antiisraelische Palästinenser Jamal Karsli bei den Grünen ausgetreten und in die FDP-Fraktion Nordrhein-Westfalens gewechselt war, um die antiisraelische Position von Möllemann zu stärken, einen Warnbrief an Westerwelle geschrieben und den Rücktritt von Möllemann gefordert. Einen weiteren verfasste ich im Juli. Darin gab ich dem FDP-Vorsitzenden zu verstehen, dass Möllemann »nicht Ihr loyaler Stellvertreter, sondern Ihr Widersacher« ist. Bereits damals hatte ich eigentlich genug von der Entwicklung und wollte austreten. Dann aber sagte ich mir, dass ich dies, mitten im Wahlkampf, nicht

machen dürfe. Ich würde mich sonst schuldig machen, wenn die Partei Stimmen verlieren würde, ich sei doch kein unbekanntes Parteimitglied. Also habe ich die Zähne zusammengebissen. Dann aber tauchte kurz vor dem Wahltag dieser Flyer gegen Israels Premier Ariel Sharon und Michel Friedman auf. Über acht Millionen Mal wurde er an alle Haushalte in Nordrhein-Westfalen per Postwurfsendung verteilt. Schon zuvor hatte Möllemann Michel Friedman, den Vizepräsidenten des Zentralrats der Juden, angegriffen und behauptet, er würde mit seiner »intoleranten, gehässigen Art« den Antisemitismus in Deutschland schüren.

Haben Sie vor dem Einwerfen des Briefes gewählt oder danach?
Davor.

Und wen? In Ihrer Austrittsbekundung haben Sie nämlich geschrieben: »Ich bin ab heute traurigen Herzens Wechselwählerin.«
Ich wollte meinen Austritt aus der Partei nicht vom Wahlergebnis abhängig machen. Wenn es gut ausgefallen wäre, dann hätte ich zu hören bekommen, die Hamm-Brücher spinnt ja, warum will die denn austreten. Wäre es schlecht für die FDP ausgegangen, hätte es geheißen, jetzt verlässt sie das sinkende Schiff. Aus diesem Grund ging ich am Wahltag auf die Post im Münchner Hauptbahnhof. Dort stempelte man meinen Austrittsbrief: »Zwölf Uhr, mittags.« Mein Austritt war also unabhängig vom Wahlergebnis. Die FDP erhielt dann nur 7,4 Prozent. So einen schlechten Ausgang habe ich mir nicht vorgestellt.

Bleibt immer noch die Frage, wen Sie gewählt haben?
Ich war nicht das erste Mal eine liberale Wechselwählerin.

Ich weiß, ich bin indiskret, und das Wahlgeheimnis ist auch mir bekannt, aber dennoch würde mich Ihre Antwort rasend interessieren.
Wie gesagt, meine zwei Kreuze galten nicht immer einer Partei.

Also nicht der FDP?
Mit meiner Zweitstimme wollte ich die Möglichkeit unterstützen, dass die amtierende Regierung weitermacht.

Haben Sie die Grünen gewählt?
Edmund Stoiber jedenfalls gab ich meine Stimme nicht. Was mein Mann gewählt hat, weiß ich nicht. Früher hat mir Verena, unsere Tochter, das öfters verraten. Wenn wir zusammen zum Wählen gingen, folgte sie ihm in die Kabine. Nachdem er seine Kreuze gemacht hatte, sprang sie heraus und rief laut durchs ganze Wahllokal: »Mami, Mami, der Papi hat dich gewählt.« Verena war damals fünf oder sechs Jahre.

Warum war es Ihnen an diesem Tag nicht mehr möglich, die FDP zu wählen?
In den Monaten zuvor, wahrscheinlich bereits in den ganzen letzten Jahren, habe ich eine tiefe Entfremdung zu meiner Partei gespürt. Meine kritische Distanz zu ihr war zu groß geworden. Seit dem Jahr 2000 hatte die FDP einen Kurs eingeschlagen, den sie teilweise bei Jörg Haider abkupferte. Darauf reagiere ich allergisch, besonders

nach meinen Erfahrungen mit der Nazidiktatur. Ich verspürte auch keine Kräfte mehr, dass ich auf meine alten Tage daran und am Konzept einer so genannten Spaßpartei noch etwas ändern könnte. Ich verstand auch nicht, warum man sich Aufkleber vom »Projekt 18« unter die Schuhsohlen klebte, ohne zuvor darüber nachgedacht zu haben, was man eigentlich damit bezwecken wollte. So kam es, dass es mir nicht mehr möglich war, bei der Bundestagswahl FDP zu wählen.

War Ihre Familie über Ihren Parteiaustritt erleichtert?
Mein Sohn Florian hatte erst Zweifel. »Mutter«, hat er zu mir gesagt, »warum tust du dir das an? Du bist doch nicht mehr so stabil. Überall wirst du dann Rede und Antwort stehen müssen.« Florian war richtig besorgt um meine Gesundheit. Aber auch mein Mann war sich am Anfang nicht sicher, ob ich das Richtige getan hatte. Heute sind beide der Meinung, dass das genau der richtige Zeitpunkt war. In diesem Punkt herrscht im Hause Hamm-Brücher nun große Einigkeit. Und alle sind erleichtert, weil ich den ganzen Trubel um meinen Austritt ohne größere Tiefs durchgestanden habe.

Aber warum musste es gleich ein Austritt sein? Sie gelten als eine »Dennoch«-Sagerin und in dieser Funktion hatten Sie für die Partei immense Bedeutung. Wäre Ihre Stimme heute nicht wichtiger denn je?
Mein Austritt ist unabhängig von der Person Möllemann zu sehen. Ich möchte es einmal so formulieren: Ich will nicht einer Partei angehören, die es nicht rechtzeitig verhindert hat, dass Juden in Deutschland wieder Angst haben müssen, hier zu leben. Das will ich auf gar keinen Fall. So habe ich es auch in meinem Austritts-

brief geschrieben. Diese Antwort mag emotional klingen oder zu simpel sein, aber eine andere kann ich nicht geben. Es geht gar nicht darum, ob man die israelische Politik kritisieren darf oder soll oder muss, das ist in diesem Zusammenhang nebensächlich. Natürlich darf man das. Möllemann kann auch sagen, dass er sich wehren würde, wenn er Palästinenser wäre. Aber die Einstellungen, die dahinter stecken und ihm Zulauf brachten, die kann ich nicht akzeptieren. Eine Zeit lang konnte ich noch dagegen kämpfen, aber schließlich kam der Punkt, bei dem es um meine Selbstachtung ging. Ich weiß, das ist eine sehr subjektive Sicht, aber dennoch kann ich diesen Punkt nicht einfach leugnen. Auch war ich frustriert darüber, dass sich andere in der Partei nicht vehement gegen die antisemitischen Tendenzen gewehrt haben. Genscher, Lambsdorff und mein Freund Gerhart Baum haben sich zwar Möllemann-kritisch geäußert, aber vor den Wahlen doch nur ziemlich lasch.

Und warum so lasch geäußert?
Sie hofften natürlich, dass die Achtzehn-Prozent-Strategie Erfolg haben würde.

Aber vielleicht war das ja gerade Ihre Rolle, diesen Standpunkt in der Partei zu vertreten? Mit dem Verlust des Parteibuchs verlieren Sie doch an Einfluss?
Es hat keinen Sinn mehr gemacht. Ich erzähle Ihnen jetzt von dem letzten Bundesparteitag der FDP, den ich mitgemacht habe. Das war im Herbst 2001 in Nürnberg. Dieser Parteitag war eigentlich schon ein Omen. Da saßen vierhundert gescheite, völlig normale liberale Delegierte und hörten gebannt den populistischen Reden von Westerwelle und Möllemann zu: Wie sie von einer

Volkspartei schwärmten, die wir ja alle wollen würden, »Partei für das ganze Volk« sagten sie, von den achtzehn Prozent und wie man sich in Augenhöhe mit dem Bundeskanzler sah. Und all diese intelligenten Delegierten standen am Ende, bildlich gesprochen, auf den Tischen und haben ihnen zugejubelt, und wie von Geisterhand wurden 18-Prozent-Fähnchen hervorgezaubert. Ich konnte nicht begreifen, was in diese Parteifreunde gefahren war. Wenn auf einem Parteitag der Liberalen derart unreflektiert gejubelt wird, dachte ich, dann kann etwas nicht stimmen. Das war für mich ein gefährliches Zeichen. Hier wird von einer anderen FDP geträumt. So wie Westerwelle abschließend noch ausrief, der Nürnberger Parteitag sei eine Zäsur in der Geschichte der Liberalen. Auf der Rückfahrt nach München saß ich mit Freunden in einem Zugabteil. Ich sagte ihnen, dass ich nie wieder auf einen FDP-Parteitag gehen würde. An einen Austritt habe ich damals aber noch nicht gedacht. Wohl aber an die Frage: Was ist aus meiner Partei geworden?

Sie glaubte an den Sieg.

Das stimmt. Die Parteimitglieder hatten das Gefühl, der Erlöser ist nahe. Und der Aufbruch wirkte ansteckend. In diesem Zusammenhang fällt mir ein Brief vom FDP-Schatzmeister Günter Rexrodt ein. Ich erhielt ihn am 8. August 2002, also kurz vor den Wahlen. In ihm stand geschrieben, dass ich doch noch einmal für die Partei spenden sollte.

Damit Deutschland und die FDP gewinnt.

In meiner Antwort habe ich ihm meine Kritik am Weg der Partei dargelegt. Ich schrieb ihm, dass ich sowohl die Geschichte mit der Kanzlerkandidatur als auch das 18-Prozent-Projekt für überheblich halten würde. Ich würde es auch missbilligen, dass die FDP und ihr stellvertretender Vorsitzender in trüben rechten Gewässern fischen würden. Das alles seien Gründe, so schloss ich den Brief an Rexrodt, weshalb ich für die Opfer der Flutkatastrophe spenden würde und nicht für die FDP. Daraufhin habe ich von ihm noch ein nettes Antwortschreiben erhalten.

Ich habe es gelesen.

Rexrodt hat darin diesen ganzen größenwahnsinnigen Rummel verteidigt. Nur bei der Idee mit dem Kanzlerkandidaten äußerte er Bedenken. »Einen eigenen Kanzlerkandidaten halte ich für einen Grenzfall«, war seine wörtliche Formulierung. Am Ende des Briefes schrieb er, dass es ihm Leid täte, er könne mich auch verstehen. Nichts hat er verstanden, nicht einmal, dass eine Partei, die sich auf diesen rechtspopulistischen Weg lotsen lässt, eigentlich nicht mehr die Partei für diejenigen sein kann, die unter ganz anderen liberalen Vorzeichen eingetreten sind.

Weshalb sind denn die FDP-Mitglieder so auf den Hund gekommen? Oder sind sie einfach nur wie die Dominosteine umgekippt, weil sie dem Heil nachgelaufen sind, endlich eine Volkspartei sein zu dürfen?

Einen Rechtsdrall habe ich in der FDP schon mehrfach erlebt. In den fünfziger Jahren zeigte sich diese Tendenz, besonders auf dem berühmten Parteitag 1952 in Bad Ems. Dort wurde ein »Deutsches Programm« verkündet, in dem ein Kurs rechts von der CDU propagiert wurde. Wir setzten ein »Liberales Manifest« dagegen.

Daraufhin kam es zu harten Auseinandersetzungen. Einige Rechte wechselten gleich zur Deutschen Partei. In den sechziger Jahren gab es dann anlässlich der Ostpolitik eine weitere rechte Unterwanderungswelle, die schließlich auch zu Abspaltungen führte. Und nach 1982 sind die Zukunftshoffnungen der Linksliberalen wie Günther Verheugen, Ingrid Matthäus-Maier und Helga Schuchardt und vieler anderer untergegangen. Das war ein personeller Aderlass, von dem sich die FDP nie erholt hat. In vielen Ländern Europas gibt es ja zwei liberale Parteien: eine, die sich eher als linksliberal versteht, und eine andere, die tendenziell eher rechts steht. In Deutschland existierten in der Weimarer Republik auch zwei liberale Parteien.

Brauchen wir denn eine rechtspopulistische liberale Partei als Auffangbecken?

Ich halte zwei liberale Parteien für nicht erstrebenswert, aber wenn der rechte Flügel in der FDP zu weit abdriftet, dann wäre es vielleicht doch besser, wenn es eine zweite Partei gäbe, eine rechtspopulistische à la Haider. Sie könnte sicher einen bestimmten Klärungsprozess befördern. Es geht um die Frage, ob unser politisches Spektrum ehrlicher würde, wenn eine derartige Partei vorhanden wäre. Denn wir dürfen nicht die Augen und Ohren davor verschließen, dass es dieses Wählerpotenzial in unserer Gesellschaft gibt: Alle Untersuchungen bestätigen das. Es schwankt um die zwanzig Prozent.

Meinen Sie das ernst?

Es gibt heute viele Menschen, die als rechte Wähler bei der CDU, vor allem bei der CSU unterschlüpfen, obwohl sie da gar nicht hingehören. Und darum wäre mir eine eigene Partei lieber. Ich halte es für wenig sinnvoll, wenn die FDP am rechten Rand fischt und Wähler von der rechtsradikalen DVU oder den Republikanern abzieht.

Aber Sie wünschen sich nicht eine solche Partei?
Eigentlich nicht. Ich wünsche mir aber ein ehrlicheres Parteienspektrum. In Bayern beispielsweise gab es seit eh und je erfolgreiche rechte Gruppierungen. Wenn sich Wähler wieder nationalistisch definieren, dann könnte man sich mit ihnen offen auseinander setzen.

Dann könnte man doch gleich die NPD wählen?
Die geht mir zu weit. Ich denke eher an eine Partei wie die DVP (Deutsche Volkspartei) in der Weimarer Republik, die Konkurrenzpartei zur linksliberalen DDP, der Deutschen Demokratischen Partei. In der DVP war ursprünglich Gustav Stresemann. Sie war zwar für die Restauration der Monarchie und für »Schwarz-Weiß-Rot«, doch hatte sie keine echten Sympathien für die Nazis. Das begann erst 1933.

Aber ist das nicht noch gefährlicher?
In einer funktionierenden Demokratie sollten rechte Kräfte, wenn sie vorhanden sind, auch Flagge zeigen. Ich würde darin noch kein Unglück sehen.

Machen wir jetzt gerade eine Arbeitsplatzbeschreibung für Möllemann?
In etwa. Seine Spekulationen sind nicht falsch, denn es gibt genügend Wähler, die ihm Recht geben.

Überlassen Sie durch Ihren Austritt Ihre Partei dem Rechtsruck?

Ich war bis zu meinem Austritt vierundfünfzig Jahre in der FDP. Doch kehren Sie die Frage einmal um: Wenn ich in der Partei geblieben wäre und weiter Briefe an Herrn Westerwelle geschrieben hätte und ein Herr Möllemann jeden öffentlichen Anlass dazu benutzt hätte zu sagen, wenn ich gehen wolle, dann sollte ich doch endlich gehen – einmal beschimpfte er mich als Querulantin, die in Rente gehen solle –, also, wenn das so weitergegangen wäre, dann stellt sich die Frage: Wie lange lässt man sich einen solchen Umgang gefallen? Gerade wenn die FDP deine politische Heimat war, in der du dich über Jahrzehnte bewährt hast. Ich habe der Partei tatsächlich viel geholfen, das mag ein wenig überheblich klingen. Doch zuletzt musst du mit erhobenem Kopf für deine Partei einstehen können. Wenn das nicht mehr möglich ist, sollte man einen Schlussstrich ziehen. Und das habe ich getan.

Ehrlich gesagt, Ihren Austritt fand ich weniger überraschend als die Tatsache, dass Sie es überhaupt so lange in der Partei ausgehalten haben. Haben Sie nicht schon immer gesagt: Mein Gott, diese ganze Parteienwirtschaft und dieses ganze Gremiengeklüngel und diese Leute, die mir permanent Steine in den Weg legen, das ist eigentlich unerträglich?
Da haben Sie Recht. Nach 1982 beispielsweise, als die FDP die Koalition mit der SPD brach und wir zu Kohl wechselten, da wurde alles unternommen, um mir in der Partei nie wieder eine Chance zu geben. Ich sollte in der FDP einfach keine Position mehr erringen. Erst 1984, beim FDP-Parteitag in Münster, bin ich dank der Jungliberalen, unter Vorsitz von Guido Westerwelle, wieder in den Bundesvorstand gewählt worden und zwei Jahre später auch wieder ins Präsidium der Partei. Damals

nach 1982 sagte ich mir: Eine solche Durststrecke musst du aushalten, das ist in einer Partei eben so, da muss man auch die bitteren Pillen schlucken. Gleichzeitig verspürte ich aber auch Rückhalt bei den Jungen. Dann bin ich ja sogar noch für die Bundespräsidentenwahl, das war 1993/94, als FDP-Kandidatin nominiert worden. Es ging um die Nachfolge des seit zehn Jahren amtierenden Bundespräsidenten Richard von Weizsäcker. Auf dem Bundeshauptausschuss der FDP in Magdeburg war ich, und zwar einstimmig, gebeten worden, mich als Kandidatin zur Verfügung zu stellen. Das war im Oktober 1993. Ich hätte eine solche Aufforderung nie mehr für möglich gehalten. Mindestens fünfzehn Prozent der Delegierten, davon war ich überzeugt, müssten doch gegen mich sein. Doch dem war nicht so. Vielleicht, weil Genscher bereits abgelehnt hatte. Er wusste, dass er bei der Wahl nicht durchkommen würde. Also war ich dann der Nothelfer. Nach kurzer Überlegung sagte ich zu. Mir gefiel die Vorstellung, dass ich, eine Frau, kandidieren sollte. Nach all der vorherigen Männerkungelei. Ich durfte auf keinen Fall kneifen, das hätte mich zeit meines Lebens gewurmt. Außerdem gab es eine überparteiliche Fraueninitiative »Hamm-Brücher for President«. Ich hatte keine Chance, aber ich nutzte sie!

Die Bundespräsidentenwahl war nicht gerade erfreulich für Sie. Hatten Sie nicht im Vorfeld mit dem damaligen FDP-Vorsitzenden Klaus Kinkel eine Strategie besprochen?

In den letzten Wochen vor dem 23. Mai 1994 kursierten eine Menge Gerüchte, die vom Rückzug von meiner Kandidatur schon nach dem ersten Wahlgang bis hin zum Einschwenken der SPD auf meine Kandidatur im dritten Wahlgang reichten. Man konnte also nicht wissen, wie die Wahlgänge ausgehen würden. Unklar war mir auch, ob Kinkel mich rückhaltlos und bis zum Schluss unterstützen würde. Bei Irmgard Schwaetzer und Hans-Dietrich Genscher konnte ich sicher sein.

Aber die unterschiedlichen Möglichkeiten hätte man ja vielleicht schon vorher abstecken können?
Dafür hatte Klaus Kinkel keine Zeit. Der erste Wahlgang war ein guter Erfolg für mich und die Fraktion war sich auch einig, dass ich zum zweiten wieder antreten sollte. Es gab da keine Kontroverse. Aber auch im zweiten Wahlgang erreichte Roman Herzog keine absolute Mehrheit. Kanzler Kohl stank das schon mächtig. Der war nämlich davon ausgegangen, dass die Hälfte der FDP-Leute im zweiten Wahlgang Roman Herzog wählen würde, und schon hätte er seine notwendige absolute Mehrheit gehabt. Weil dem Bundeskanzler die Sache zu unsicher wurde, wollte er auf Biegen und Brechen die FDP dazu bringen, Herzog zu wählen. Daraufhin brach Klaus Kinkel die Entscheidung für den dritten Wahlgang einfach übers Knie. Das war unglaublich. Wir beide saßen noch in einer Pause zwischen dem zweiten und dritten Wahlgang für ein paar Minuten in einem Nebenzimmer. In diesem Vier-Augen-Gespräch erklärte ich ihm meine Bereitschaft, auch im dritten Wahlgang zu kandidieren. Meine Ergebnisse waren besser als erwartet, obwohl sich nach dem zweiten Wahlgang herausgestellt hatte, dass es bereits etwa sechs »Überläufer« aus der FDP-Fraktion zu Herzog gegeben hatte. Aber Klaus Kinkel, das musste ich erkennen, verhielt sich im Grunde wie ein braver Beamter. Er war vom Bundeskanzler unter Druck gesetzt worden. Und da sagte er doch tat-

sächlich: »Frau Hamm-Brücher, jetzt habe ich Ihnen leider mitzuteilen, dass wir aus Gründen der Koalitionsräson nun Roman Herzog wählen müssen. Ich fordere Sie deshalb auf, von Ihrer Kandidatur zurückzutreten.« – »Ich denke überhaupt nicht dran«, antwortete ich ihm, »ich bestehe auf einer Abstimmung in der Fraktion. Ich kandidiere nicht als Privatperson, sondern im Auftrag der Partei. Die muss entscheiden. Erst wenn die Fraktion Ja sagt, dann kann ich das akzeptieren.« Aus Kinkels Gesicht wich jede Freundlichkeit und Verbindlichkeit. Er war richtig sauer. – Meine Kandidatur wurde dann mit knapper Mehrheit knallhart zurückgezogen.

Wie hat Klaus Kinkel hinterher reagiert?
Er behauptete, ich hätte meine Kandidatur freiwillig zurückgezogen. Und er gab mir zu verstehen, dass es keine andere Alternative gegeben hätte. Mit dem Bundeskanzler sei das so abgesprochen worden.

Also war er ganz sachlich, eben beamtenlike?
Genau so.

Sie pochen doch immer auf Artikel 38 des Grundgesetzes, der besagt, dass man als Abgeordneter nicht an Weisungen gebunden ist. Hätten Sie in diesem Moment nicht sagen können, nein danke, ich möchte mich trotzdem für den dritten Wahlgang aufstellen lassen?
Nein. So kann ich mich bei einer Abstimmung in Sachfragen verhalten, aber in einem solchen Fall geht das nicht. Ich bin ja nicht Kandidatin aus eigener Kraft gewesen. Hätte es eine Einspruchsmöglichkeit gegeben, Sie können sicher sein, ich hätte davon Gebrauch gemacht.

Wenn Sie überlegen, wie man da mit Ihnen umgegangen ist, dann wäre doch hier wieder ein Punkt gewesen, wo Sie hätten sagen können: Die FDP, das ist nicht meine Partei?
Eigentlich ging der ganze Dissens ja noch weiter. Nach der für die FDP missglückten Bundespräsidentenwahl tauchte für den folgenden Wahlkampf die Losung auf: »FDP wählen, damit Kohl Kanzler bleibt.« Das war wohl die feigste Parole, die ich je erlebt hatte: FDP wählen, damit Kohl Kanzler bleibt.

Sie wollten, dass die FDP zu dieser Zeit in die Opposition geht?
Ja, klar.

Sie blieben aber noch weitere acht Jahre in der Partei, bevor Sie dann endgültig diesen Schlussstrich zogen.
Das stimmt nicht ganz. 1994 war ich ja schon nicht mehr im Bundestag.

Aber trotzdem noch in der Partei.
Ja. Ich habe aber alle Parteiämter auslaufen lassen.

Das war ein Abschied auf Raten?
So kann man es nennen.

Ich kann mir gar nicht vorstellen, dass es Herrn Westerwelle bisher nicht gelungen sein sollte, nach Ihrem Austritt einen Brief an Sie zu schreiben?
Ich habe einen solchen von ihm bekommen. Er schrieb darin, dass er meinen Austritt bedaure und wie sehr er hoffe, dass wir alsbald, wenn sich alles ein bisschen beruhigt hätte, ein ausführliches Gespräch führen können.

Das gab es noch nicht?
Nein.

Stand in dem Brief noch mehr?
Westerwelle brachte zum Ausdruck, dass ich ihm vertrauen könne, dass er das mit der FDP schon richtig machen würde. Wörtlich schrieb er: »Sie wissen ja, dass ich einen stabilen inneren Kompass besitze.«

Wissen Sie das wirklich?
Nein.

Hat er ihn?
Weiß ich nicht. Ich habe es jedenfalls noch nicht bemerkt. Guido Westerwelle ist eine sehr differenzierte Persönlichkeit mit Eigenschaften und Qualitäten, die für einen Politiker wichtig und Erfolg versprechend sind. Aber tief in seinem Herzen ist er wohl eher unsicher und noch nicht wirklich reif. Vielleicht rührt sein Verhalten auch aus diesem Manko heraus. Es mag sein, dass er diesen inneren Kompass selbst gern hätte. Vielleicht ist es eine Art Wunschtraum von ihm.

Kann er nach dieser Geschichte eigentlich noch Parteichef sein?
Wenn er gewählt wird, dann schon. Und ein Besserer ist nicht da. Zumindest sehe ich keinen.

Könnte Westerwelle Sie irgendwie doch noch dazu bringen, für die FDP zu kämpfen?
Es gibt nur noch wenige inhaltliche Ziele, die ich wirklich unterstützen könnte. Gerade bei Grundsatzfragen, auf die es mir ankommt, kann ich meine Zustimmung

nicht geben. Irak, Klonen, Bildungspolitik ... Möllemann ist in diesem Zusammenhang wirklich unwichtig, aber der allgemeine Kurs der FDP, ihre Positionierung in der Opposition, wäre ausschlaggebend. So müsste die FDP beispielsweise das Zuwanderungsgesetz stärker vertreten. Ursprünglich hatte sie ja ein liberales Zuwanderungsgesetz gefordert. Sie hatte dafür auch gute Argumente. Doch auf einmal schwenkte sie fast ganz auf CDU-Linie um: Zuwanderer nur noch nach den Erfordernissen der Wirtschaft. Jedes Jahr soll dann überprüft werden, wie viel Zuwanderer wir gnädigerweise für zwölf Monate über die Grenze lassen. Das ist alles so opportunistisch. Auch wird die Chance, dass wir anlässlich der Ergebnisse der PISA-Studie nun wieder Bildungspolitik machen könnten, überhaupt nicht wahrgenommen. Wenigstens habe ich keinen einzigen vernünftigen Beitrag zu den möglichen Konsequenzen aus der PISA-Studie vernommen. Im Grunde ist die FDP auch in aktuellen Fragen im höchsten Maße profillos.

Ist der Antisemitismus bei Möllemann Überzeugung oder wahltaktisches Kalkül?

Möllemann ist ungefähr seit Anfang der achtziger Jahre Vorsitzender der Deutsch-Arabischen Gesellschaft. Diese Vereinigung ist kein parlamentarisches Gremium, sondern eher ein bilaterales, ein Gemisch aus Politik und Wirtschaft, wobei die Wirtschaft wohl im Vordergrund steht. Und ich vermute, dass Möllemann seinen Reichtum mittelbar durch seine dortige Tätigkeit erworben hat. Denn woher, frage ich, bekommt ein »normaler« Politiker in so wenigen Jahren so viel Geld zusammen. Da buddelte er mal hier eine Million Euro aus, dort wieder achthundertfünfzigtausend, und so weiter. Nicht zu vergessen sein Feriendomizil auf Gran Canaria und sein großes Haus in Münster. Mit einem normalen Politiker-Salär kann man wohl in so kurzer Zeit kaum so viel Reichtum anhäufen. Ich hätte das nie geschafft. Da sind wir auch schon bei dem nächsten Punkt, mit dem ich nicht einverstanden bin: Auch die FDP geht ziemlich locker mit dem Parteienfinanzierungsgesetz um. Hier sündigen alle Parteien. Die Frage der Diätenfestsetzung müsste ebenfalls neu geregelt werden. Die Parlamentarier sollten nicht selbst darüber bestimmen dürfen, wie viel sie verdienen wollen.

Noch mal nachgefragt: Trägt Möllemann den Antisemitismus in sich?
Man kann durchaus proarabisch oder propalästinensisch sein, so lange man respektiert, dass es das Existenzrecht Israels gibt. Für uns Deutsche ist es die erste und wichtigste Aufgabe, dafür zu sorgen, dass dieses Existenzrecht auch tatsächlich garantiert ist. Dieses Recht hat Möllemann in Frage gestellt, und zwar schon zu Zeiten, bevor er seine Flyer in Umlauf brachte.

Aus Berechnung?
Das weiß ich nicht. Das habe ich noch nicht genau ergründet.

Was für ein Mann ist Möllemann?
Er ist unglaublich populistisch. Zum Beispiel seine Fokussierung auf Michel Friedman: Darin sehe ich einen Beweis, dass es ihm darum geht, antisemitische Stimmungen anzuheizen, die von demokratischen Politikern sonst nicht artikuliert werden.

Ist das schon Antisemitismus?
Nein, das nicht. Aber für mich ist alles, was in unserem Land direkt oder indirekt den Antisemitismus aufputscht, gefährlich. Wenn Möllemann als privater Lobbyist für arabische Wirtschafts- und Waffeninteressen auftritt, ist das seine Sache, wenn er aber als stellvertretender FDP-Vorsitzender auftritt, dann setzt er die Partei dem Verdacht aus, antisemitische Tendenzen zu fördern. Auch ist es unmöglich, dass er sich dann auch noch als großer Held und Tabubrecher hinstellt und behauptet, es sei eine »öffentliche Hetzjagd« im Gange. – Wenn ich das schon höre, »Tabubrecher«! Und als er Rede und Antwort stehen sollte, da war er plötzlich krank. Herzrhythmusstörungen? Krebs? An der Schulter? Ob das alles so stimmte? Was dieser Mann sich alles leisten kann, ich fasse es nicht.

Aber wenn er seine Hemdsärmel hochkrempelt und mitschaufelt, macht er das dann aus Nächstenliebe?
Das war nichts anderes als ein Wahlkampfgag. Im Grunde ist seine Fallschirmspringerei auch nichts anderes.

Es kleidet ihn auch nicht besonders.
Stimmt. Völlig unförmig und aufgeplustert sieht er in diesem Anzug aus. Aber ich nehme ihm seine Luftsprünge nicht übel, in einem Wahlkampf ist vieles erlaubt oder möglich, was ansonsten nicht gerne gesehen wird. Ein größeres Problem ist der Sack, in dem der Fallschirm steckt. Mit anderen Worten: die Verpackung. Man muss bei Möllemann genau hinschauen, wie er seine Ziele verpackt. Wählerfang ist dafür ein passendes Wort.

Haben Westerwelle & Co. auch diese antisemitischen Tendenzen oder wollten sie einfach mal ausprobieren, ob sie damit mehr Stimmen bekommen?
Klar, das war ein Test. Und hätten sie gesiegt, dann wären Westerwelle und Möllemann Superstars geworden.

Wäre die FDP dann noch weiter nach rechts abgedriftet?
Ja, sicher. Zum Glück war ihr populistischer Kurs dann doch nicht erfolgreich.

Was ist schlimmer: einer, der aus Überzeugung Antisemit ist, oder einer, der aus Kalkül das Spiel laufen lässt?
Wer ein überzeugter Antisemit ist, dürfte nicht in der FDP sein; das steht quer zu allen über Jahrzehnte gewachsenen und gefestigten Überzeugungen. Übrigens ist in diesem Zusammenhang interessant: So lange Ignaz Bubis in der Partei war und wir stolz darauf waren, den Vorsitzenden des jüdischen Zentralrats bei uns zu haben, er war ja auch Stadtverordneter der FDP in Frankfurt, hatte sich niemand getraut, derartige Äußerungen von sich zu geben. Erst nach seinem Tod passierten diese schlimmen Fauxpas, und dazu noch in beträchtlicher Anzahl. Ich bin fast erleichtert, dass Bubis das nicht mehr erleben musste.

Würden Sie sich mit Jürgen W. Möllemann noch einmal an einen Tisch setzen?
Ich glaube nicht. Das ist ja auch nicht nötig.

Wenn das Protokoll es aber verlangen würde?
Auch dann nicht. Ich habe mich auch früher nicht sehr

gerne mit Herrn Möllemann an einen Tisch gesetzt, obgleich ich in der Fraktionssitzung immer in seiner Nähe saß. Worüber sollte ich mit ihm reden?

Das wäre meine nächste Frage gewesen.
Über seine neue Partei?

Können Sie sich einen Punkt vorstellen, an dem Sie sagen, Sie kehren Deutschland den Rücken und gehen ins Ausland? Angenommen, die NDP würde dreißig oder vierzig Prozent bei den nächsten Wahlen gewinnen, würden Sie dann sagen, jetzt reicht es mir, ich gehe?
Jetzt nicht mehr. Ich bin zu alt! Wenn aber tatsächlich hinter jeder Ecke Möllemänner lauern würden, dann würde ich mir überlegen, in meine Schweizer Ferienwohnung zu ziehen. Das wäre dann wenigstens nicht so weit weg.

Unabhängig von den Auseinandersetzungen, die Sie mit Guido Westerwelle über antisemitische Tendenzen geführt haben, gab es eine weitere, die mit seinem Verständnis von Nationalismus zusammenhing. Zu einer bestimmten Zeit wiederholte der FDP-Vorsitzende den Satz: »Ich bin stolz, ein Deutscher zu sein.« Daraufhin griffen Sie ihn scharf an und sagten, er solle nicht diese von Rechtsextremisten vorgeklopften und von einer kopflosen CDU nachgeklopften Sprüche auch noch festklopfen. Auf der anderen Seite könnte man aber auch sagen: Wenn jemand wie Guido Westerwelle all jene Menschen einfängt, die ein solches Sentiment haben, dann ist das doch besser, als wenn er sie der NPD überlässt. Das war dann auch sein Argument. Was ist gegen dieses einzuwenden?

Ich habe diese Rattenfängerei mit »Stolz« und »Ehre« in meiner Jugend bis zum Überdruss erlebt. Damals mussten Generationen von jungen Menschen für Adolf Hitler und seinen vaterländischen Fanatismus sterben oder gar Verbrechen begehen. Gegen diesen Missbrauch, der keinerlei Rückfragen erlaubt, habe ich eine tief verwurzelte Aversion. Ich werde sofort hellhörig, wenn ich heute wieder solche Parolen höre. Da kann ich nicht einfach abschalten. Ich habe nichts dagegen, wenn man sagt, ich bin stolz, Mitglied eines erfolgreichen Fußballclubs zu sein, ja, auch bei einer Partei- oder Kirchenzugehörigkeit lasse ich dieses Wort gelten. Da ist der Stolz eine ganz harmlos emotionale Sache, man freut sich eben. Aber wenn man nationalistische Sprüche aufgreift, die bei Rechtsextremisten zum nächsten Schritt führen, beispielsweise bestimmte Ortschaften zu national befreiten Zonen zu erklären, sodass sich kein Ausländer mehr in diese Gegenden wagt, dann wird es vollends verantwortungslos.
Das Thema »Stolz« kam übrigens in der Debatte um die deutsche Leitkultur auf. Das war im Herbst 2000 und sie animierte Westerwelle, neue Strategien auszuprobieren. Womit könnte er »Massen« mobilisieren? Und dann überschrieb er einen Aufsatz in der *Frankfurter Allgemeinen Zeitung* mit den Worten: »I'm proud to be a German« – also in Englisch.

Aber hatten die Flugblätter der Weißen Rose nicht auch einen starken nationalen Bezug? Leiteten die Mitglieder dieser Widerstandsbewegung – Sie gehörten ja auch zu ihrem Umfeld – aus diesem Nationalbewusstsein nicht ihren Widerstand ab? Da war zu lesen, dass Deutschland auch »unser Land« sei und »wir« deshalb dafür

sorgen müssten, dass die falsche Regierung entmachtet würde. Die Frage ist doch: Gibt es nicht auch ein positives Nationenverständnis?

Heimatgefühle, Nationengefühle, Patriotismus, Gefühle der Kulturzusammengehörigkeit – all diese Empfindungen sind verständlich und wichtig. Man sollte mit ihnen auch unbefangener umgehen können. Aber ich bringe es nicht mehr über mich, mich »national« zu definieren. Bei diesen Worten suggeriert mir mein Kopf etwas Unterschwelliges, ich erinnere mich da gleich wieder an nationale Überheblichkeit und Größenwahn. Wenn sich bei mir erst einmal eine derartige Assoziation festgesetzt hat, dann läuft in meinem Hirn sofort ein ganzer Film ab. Zwar habe ich kein Problem damit, wenn Menschen in diesem Punkt anderer Meinung sind und diese auch begründen. Ich würde mir auch niemals anmaßen, deswegen jemanden zu verurteilen. Nur ich kann dieses Denken nicht nachvollziehen.

Sie haben einmal gesagt, dass Deutsche und Juden bis heute nie problemlos miteinander gelebt haben. Gibt es hier überhaupt eine Minderheit, die mit den Deutschen auskommt?

Antisemitismus gibt es überall. Wir müssen uns diesem stellen und vernünftig dagegen angehen. Dabei sollte uns bewusst sein, dass kein Zusammenleben ohne Konflikte abläuft. Selbst die wenigsten Familien können konfliktfrei miteinander umgehen. Insofern dürfen wir unsere Vorstellungen vom Umgang mit Minderheiten nicht überfordern, idealisieren oder uns zu große Hoffnungen machen. Ich bewundere immer Länder wie Kanada oder Australien, auch einige lateinamerikanische Staaten. Mir scheint, da werden die Menschen so akzeptiert und toleriert, wie sie sind. Hautfarbe, Kultur und Religion spielen kaum eine Rolle. Bei uns dagegen werden Menschen, die völlig anders sind, zumeist auf Vorbehalte stoßen, sogar zu Außenseitern degradiert. Doch hat sich die Situation auch bei uns gebessert. Ich denke dabei beispielsweise an meine Erfahrungen in U- und S-Bahnen. Anfang der neunziger Jahre waren kaum Schwarzafrikaner in öffentlichen Verkehrsmitteln zu sehen. Und traten sie dann doch in Erscheinung, man hätte sie am liebsten mit den Augen erdolcht. Heute hat man sich an ihren Anblick nahezu gewöhnt. Dem Osten Deutschlands steht diese Entwicklung noch bevor.

Haben Sie denn keine Hoffnungen für ein gutes deutsch-jüdisches Verhältnis?

Zumindest gibt es eine große Chance. Da jetzt wieder mehr, vor allem junge Juden in Deutschland leben, besteht die Möglichkeit, sich kennen zu lernen und miteinander in Kontakt zu kommen. Sie, liebe Lena, hatten mich ja auch einmal zu einer Diskussionsrunde Ihrer liberalen Organisation »jung und jüdisch in Deutschland« eingeladen. Ich empfand das Gespräch als sehr positiv, da keiner mit dem großen Moralhammer daherkam, ganz gleich, ob er Deutscher, deutscher Jude oder nichtdeutscher Jude war. Ich glaube, es ist eine große Aufgabe eurer Generation, zu versuchen, im Umgang miteinander schrittweise Normalität herzustellen. Damit meine ich keine Normalität, die auf Vergessen fußt, sondern eine, die auf die Konsequenzen für die nachwachsenden Generationen aufbaut. Eine Tabuisierung der Probleme macht wenig Sinn. Wir Deutsche sollten nicht so tun, als würde alles reibungslos funktionieren. Einige rennen in Israel in die Synagoge, setzen eine Kippa auf und wollen damit zeigen, was sie für tolle Judenfreunde sind. Ein solches Verhalten wirkt auf mich krampfhaft, ich kann es nicht als wahrhaftig empfinden. Für mich war es immer sehr wichtig, mich für die deutsch-israelischen Beziehungen einzusetzen und sie zu pflegen. Und habe dabei so manchen Schock erlitten. Dazu will ich Ihnen noch schnell ein Beispiel erzählen. Mein Sohn Florian war vierzehn, vielleicht fünfzehn, und bei den Pfadfindern. Zusammen mit einigen anderen Jungen aus seiner Gruppe und dem Pfarrer flog er in den Sommerferien nach Israel, um in einem Kibbuz zu arbeiten. Da, wo Florian hinkam, wurden Hühner gezüchtet und anschließend geschlachtet. Die Arbeit war nicht gerade schön, aber für die jungen Leute sehr heilsam. Doch einmal ist mein Sohn beinahe ausgeflippt. Alle, die Jungen und die Kibbuzbewohner, saßen in einem großen Saal beim Essen, als plötzlich ein Kibbuzim seinen Ärmel hochkrempelte und Florian seine Auschwitz-Nummer unter die Nase hielt. Mein Sohn lief verstört aus dem Raum, für ihn war das ganz schrecklich. Niemand sagte in diesem Moment etwas, auch der Pfarrer nicht. Wieder zu Hause fragte mich Florian: »Mami, was hätte ich denn da machen sollen? Wie hätte ich mit dieser Situation umgehen sollen? Ich war ja schon vier Wochen da, hatte gearbeitet und auch Spaß gehabt. Aber mit dieser anklagenden Geste wurde doch die Brücke wieder völlig abgebrochen!«

Werden vom israelischen Staat Menschenrechtsverletzungen begangen?

Bei diesen hasserfüllten, mörderischen Auseinandersetzungen passieren sie auf beiden Seiten, auf der israelischen wie auch auf der palästinensischen. Ich habe aber beobachtet, dass die Aggressionen überwiegend von den Palästinensern ausgehen. Wenn diese mit einem terroristischen Anschlag provoziert haben, dann folgt unweigerlich die israelische, oft grausame Vergeltung. Das ist keine Aufrechnerei und schon gar keine Entschuldigung. Wie man aus diesem Teufelskreis wieder herauskommt, das weiß offenbar niemand, wenigstens nicht zu diesem Zeitpunkt. Dem Mord an Itzhak Rabin folgte ein schrecklicher Rückschlag, er hatte das Ende aller friedensstiftenden Verhandlungen zur Folge. Es wurde immer schwieriger, einen Status zu vereinbaren, der ein Zusammenleben oder wenigstens ein friedliches Nebeneinander ermöglichen würde. Andererseits haben politische Morde in der Weltgeschichte auch immer wieder neue Kräfte geweckt. Das ist nach dem Tod Gandhis so gewesen, aber auch nach der Ermordung Sadats oder der Hinrichtung der Widerstandskämpfer der Weißen Rose. Aus einem Schockerlebnis können sich die großartigsten Dinge entwickeln. Ich hätte gehofft, dass die Friedensbewegung in Israel nach diesem Mord viel stärker werden würde. Darin täuschte ich mich aber. Trotz vereinzelter Proteste ist sie nicht sichtbarer geworden.

Mit Rabin hatte sie ihre Basis verloren.
Es gab keinen Israeli mehr, der ein solches Charisma hatte. Rabin war ja anfangs selbst ein Hardliner gewesen. Und da er erst nach einem langen schmerzlichen Prozess zu der Erkenntnis kam, dass nur ein Miteinander eine friedensstiftende Lösung des Konfliktes brächte, konnte er viele Menschen davon überzeugen.

Haben wir die historische Verantwortung, Israel immer zu unterstützen?

Das würde ich nicht so formulieren. Aber wir müssen Verständnis haben, beispielsweise wenn die israelische Bevölkerung Angst vor dem Irak hat, dann sollten wir dort bei der Verteidigung helfen etwa durch Abwehrraketen. Das und anderes sollten wir mindestens beitragen.

Ist es gerechtfertigt, den Palästinensern einen eigenen Staat abzusprechen?
Ich habe immer für die Errichtung eines palästinensischen Staates plädiert, unter der Bedingung, dass dieser das Existenzrecht Israels in gesicherten Grenzen anerkennt und umgekehrt. Leider ist unendlich viel Geld, das die EU in den letzten Jahren zum Aufbau der palästinensischen Gebiete investiert hat, scheinbar versickert.

Noch einmal zurück zu »Big Brother« und dem »Projekt 18«. Wie würden Wahlkämpfe aussehen, die Sie leiten oder organisieren würden?
Ich habe seit 1948 unzählige erfolgreiche Wahlkämpfe mitgemacht und oft selbst organisiert. Ich verstehe also etwas davon. Zum Beispiel Anfang der sechziger Jahre, da herrschte in meiner Partei eine Clique von ehemaligen Nazis, die befand, dass ich ein »Morgenthau-Söldling« sei, was hieß, dass ich proamerikanisch und damit antideutsch sei. Um es kurz zu sagen: Man wollte mich nicht mehr in den Landtag einziehen lassen. Also wurde ich bei der Kandidatenaufstellung auf den siebzehnten Platz der Kandidatenliste der FDP von Oberbayern heruntergestuft, womit es eigentlich ausgeschlossen war, wieder in den Landtag zurückzukehren. Es sei denn, es würde mir gelingen, mithilfe der »offenen« Zweitstimme, die in Bayern eine personalisierte Zweitstimme ist,

»vorgehäufelt« zu werden. Und das zu versuchen, nahm ich mir vor. Ich wollte mich von diesen rechten Mannsbildern nicht unterkriegen lassen. Am Ende bekam ich durch mein Engagement mehr als doppelt so viele Stimmen wie der FDP-Politiker auf Platz eins der Liste. Man nannte mich »Häufelkönigin«. Eine richtige Bürgerinitiative mit viel Prominenz – damals etwas Neues – hatte es da auch für mich gegeben. Diese Wahl war mein erster großer Erfolg. Weitere sollten folgen.

Sie vertreten also das Prinzip des personalisierten Wahlkampfs?

Zumindest für die so genannte Zweitstimme. Ich wiederhole das immer wie eine Gebetsmühle: Es ist entscheidend, demokratische Verantwortung zu personalisieren und dieser Verantwortlichkeit der Volksvertreter auch Namen zu geben. Deshalb habe ich stets dafür gekämpft, auch auf Bundesebene eine so genannte offene Zweitstimme einzuführen, die es dem Wähler ermöglicht, unter den Kandidaten einer Partei auszuwählen und damit dem Funktionärsgeklüngel bei der Aufstellung der Kandidatenlisten Paroli zu bieten. Denn normalerweise kommen die »pflegeleichten« Kandidaten natürlich nach vorn und die so genannten Querdenker, die sperrigen Leute, nach hinten. Mit einer für den Wähler offenen Zweitstimme können die Wähler dieses Gebaren zumindest korrigieren und damit selbst dem Listenletzten eine Chance eröffnen, gewählt zu werden. Das macht nicht nur Spaß, die Strategie lohnt sich. Es könnten auch dadurch eigenständige Politiker in die Parlamente gelangen, die man dort dringend braucht, weil sie sich um mehr Bürgernähe bemühen.

Klingt danach, als würden Sie eine reine Gerd-Show oder Edmund-Show favorisieren?
Wieso? Ich habe mit dem bayerischen Wahlrecht andere Erfahrungen gemacht – aber Show gehört auch zum Wahlkampf. Politiker wie Stoiber, Merkel, Koch oder Westerwelle, die »nach oben« wollen, müssen ihre Botschaft unters Volk bringen. Ohne diese würden sie nicht bekannt und würden sich aus der Menge der Abgeordneten nicht hervorheben.

Und was ist die Botschaft von Gerhard Schröder? Nur für die, die sie nicht entdeckt haben?
Gerhard Schröder würde ich in dieser Hinsicht nicht gerade als Vorzeigekandidaten nennen. Den jungen Schröder durchaus. Der war sehr sperrig und hat den Altvorderen seiner Partei das Leben ziemlich schwer gemacht. Manchmal verhielt er sich dabei auch sehr unfair. Aber dennoch gehörte er zu der 68er-Generation, die sich einmischen wollte. Eine offene Zweitstimme hätte sie rechtzeitig in die Verantwortung genommen.

Glauben Sie wirklich, dass Leute mit einer Botschaft heute Karriere in der Politik machen können?
Vielleicht sehe ich das zu idealistisch. Aber ich bin immer noch davon überzeugt, dass die Wähler merken, wenn jemand glaubwürdig daherkommt, wem man etwas zutrauen kann, wer sich traut, Initiativen zu ergreifen … Vor allem Frauen erfassen sehr schnell, ob da ein Nullachtfünfzehn-Funktionär zu ihnen spricht oder einer mit Sinn und Verstand und mit eigener Überzeugung.

Sind Sie von Frauen gewählt worden?
Im Gegensatz zur allgemeinen Meinung, dass Frauen

keine Frauen wählen würden, bin ich hauptsächlich von Frauen gewählt worden. Schon als ich noch jung war, ein Mädele. Mein Mann hat immer gesagt, dich wählen doch keine Frauen, du bist viel zu hübsch. Aber da befand er sich im Irrtum.

Man soll eine Frau nicht wählen, weil sie hübsch ist, oder habe ich das falsch verstanden?
Die Politikerinnen in meiner Anfangszeit waren Frauen, die nicht besonders attraktiv waren. So würde ich das höflich formulieren. Dann kam da so eine wie ich daher und mischte die politische Zunft auf. Richtig böse Zwischenrufe fielen da. Eine Abgeordnete soll sogar mal gesagt haben, jetzt trägt die auch noch einen spitz gestützten Büstenhalter. Das war natürlich widerwärtig.

Wenn Sie hässlich gewesen wären, hätten Sie als Politikerin schneller Karriere gemacht?
Diese Konklusion möchte ich daraus nicht ziehen. Geschadet hat mir mein Äußeres aber auch nicht. Ich hatte einfach Glück.

Sie waren noch sehr jung, als Sie die politische Leiter nach oben stiegen. Was hatten Sie, was andere nicht hatten?
Die meisten Frauen nach 1945 waren sehr apolitisch. Viele hatten im Dritten Reich klaglos und angepasst die Rolle als Mutter und Gebärmaschine erfüllt. Sie begriffen nicht, was Hitler ihnen antat, wie er sie diskriminierte und entmündigte. Später wurden ihnen alle Kriegslasten samt den Schrecken der Bombenangriffe aufgebürdet. Diese entwürdigenden Rollen und übermenschlichen Lasten erschienen den meisten Frauen lange Zeit gott-

oder vom »Führer« gewollt. Jemand wie ich hatte da einen völlig anderen Hintergrund. Ich kam aus dem weiteren Umfeld des studentischen Widerstands und aus dem Bereich der Bekennenden Kirche und hatte klare Vorstellungen von Eigenständigkeit im Kopf. Obwohl es das Grundgesetz und politische »Gleichberechtigung« noch nicht gab, war mir dennoch klar, dass sich Frauen nach der Hitler-Zeit in die Politik einmischen müssten. Was hatten Männer nicht über die letzten Jahrhunderte hinweg an Unrecht und Zerstörungen angerichtet! Es war mein tiefster Wunsch, dass sich das ändern sollte. Diese Einsicht bewirkte meine Emanzipation. Ich habe damals keine klugen Bücher über die Befreiung der Frau gelesen und ich habe auch später nie an der Spitze der Feminismusbewegung gestanden. Ich habe nur beharrlich meinen Kurs verfolgt und immer Flagge gezeigt, wenn es darum ging, den Männlichkeitswahn und die Macho-Herrschaft endlich aufzubrechen. Der Kampf begann bereits 1948 bei Artikel 3 des Grundgesetzes. Da stand nach zwei Lesungen im Parlamentarischen Rat immer noch – wie auch in der Weimarer Verfassung –, Mann und Frau seien »grundsätzlich gleichberechtigt«. Jeder Jurist weiß, dass das Wort »grundsätzlich« Ausnahmen zulässt. Die SPD-Abgeordnete Elisabeth Selbert erwies sich als die tapfere Frau, die im Ausschuss und im Plenum das ominöse »Grundsätzlich« zu Fall brachte. Dabei immer wieder von uns Jungen ermutigt, nicht klein beizugeben. Wir kamen auch auf die Idee, eine Postkartenaktion für die dritte Lesung zu starten. Frauen sollten auf Karten schreiben: »Ich will das Wort ›grundsätzlich‹ gestrichen haben.« Einen riesigen Waschkorb voll Karten bekamen wir zusammen. Selbst der liberale Abgeordnete Theodor Heuss – später unser erster Bundespräsident – fand es ein wenig ungewöhnlich, dass Frauen so massiv, ja, sogar aggressiv werden konnten. Im Parlamentarischen Rat sagte er zu Elisabeth Selbert: »Frau Kollegin, dieses ›Quasi-Stürmlein‹ hätten Sie nicht entfachen brauchen, wir hätten den Zusatz ›grundsätzlich‹ ohnehin gestrichen.«

Bis 1957 hätten alle einschlägigen Gesetze entsprechend geändert werden müssen, das erwies sich aber als unmöglich. Beispielsweise durfte eine verheiratete Frau zu diesem Zeitpunkt noch kein eigenes Bankkonto führen. Selbst in Erziehungs- und Kinderfragen war die Entscheidung des Mannes ausschlaggebend. Das nannte man den »Stichentscheid« des Mannes. Was damals sonst noch alles in Gesetzen stand, scheint aus heutiger Sicht unfassbar. Kanzler Adenauer tat auch nichts, um den Frauen entgegenzukommen. Er stellte zwar eine Referentin für Frauenfragen im Rang einer Oberregierungsrätin ein, aber da wurde eine ausgesucht, die keine Durchsetzungskraft hatte. Und dann schrieb Kardinal Frings böse Briefe an den Bundeskanzler, dass es nicht gottgewollt sei, wenn Frauen jetzt gleichberechtigt würden. Absurde Widerstände gab es auch im Bundestag. Hoch brisant war es auch, als Konrad Adenauer 1953 beim Bundesverfassungsgericht eine Verlängerung der im Grundgesetz vorgeschriebenen Ausführungsfrist durchsetzen wollte. Aber das Bundesverfassungsgericht hat diesen Antrag abgelehnt. Zum Glück gab es dort die erste Richterin Erna Scheffler, die der Ansicht war, dass die Regierung genügend Zeit gehabt hätte, um sich auf die Umsetzung von Artikel 3 des Grundgesetzes vorzubereiten. Danach wurde es richtig spannend. Jedes einschlägige Gesetz, das mit der Mehrheit von CDU/CSU im Bundestag verabschiedet wurde – ich glaube, es waren sechs –, landete erneut beim Bundesverfassungsgericht. Dieses musste immer wieder darauf hinweisen, dass Bestimmungen nicht dem Artikel 3, nicht einer uneingeschränkten Gleichberechtigung, entsprechen würden. Auf diese Weise wurden viele wichtige Gesetze erst in den sechziger Jahren rechtskräftig. Dabei waren Gesetze ja nur ein erster Schritt. Nun mussten in zähen Kämpfen in der Realität Gleichstellung und Gleichrangigkeit von Männern und Frauen erreicht werden.

Erinnern Sie die Frage noch? Warum ausgerechnet Sie diese Karriere gemacht haben? Was hatten Sie, was andere nicht hatten?
Mir war wichtig, mir und anderen immer wieder zu erklären, warum ich in die Politik gegangen war. Sicher spielt meine Biografie dabei eine große Rolle, die Erfahrungen, die meine Familie im Dritten Reich gemacht hat, die Rassengesetze, die Deportationen, bis zum Raub von Schmuck und Silber und der Enteignung von großelterlichem Besitz. Meine Großmutter galt nach dem Gesetz als Jüdin, obgleich sie schon in der zweiten Generation protestantisch war. Davon wussten wir Kinder aber nichts. Erst als die Nürnberger Gesetze kamen, mussten wir feststellen, dass wir als »Outcasts« galten, als »Halbjuden«, als Mischlinge, und vieles an Verboten und an Einschränkungen ertragen mussten.

Hatten Sie durch Ihre persönliche Geschichte einen besonders entwickelten Ehrgeiz oder eine besonders entwickelte Fähigkeit, auf Dinge zu verzichten und sich ganz diesem Beruf einer Politikerin zu verschreiben?
Ich glaube nicht. In den Anfangsjahren war ich eine ganz schüchterne und unsichere Anfängerin. Der Sigi Sommer,

ein Kolumnist und Unikum der Münchner *Abendzeitung* schrieb einmal, »in Diskussionen bekommt sie immer einen roten Kopf, das Fräulein Stadtrat«. Im Grunde war ich mir über meinen eigenen Weg nicht im Klaren. Ich wusste nur, dass das, was mir und vielen anderen Menschen im Nazideutschland widerfahren war, nie wieder passieren dürfte. Ich hatte sehr darunter gelitten, als meine Freunde und Kommilitonen aus dem engsten politischen Kreis der Weißen Rose 1943 verhaftet und hingerichtet worden waren. Danach habe ich mich ernsthaft gefragt, ob ich nicht auch ein Zeichen gegen Hitler setzen, vielleicht sogar mein Leben opfern müsse. Ich habe es nicht getan. Später begriff ich, dass ich überlebt hatte, um eine andere Aufgabe zu erfüllen. Aber wie ich das anstellen sollte und ob ich überhaupt damit erfolgreich sein würde, das konnte ich mir nach 1945 noch nicht vorstellen. Ich wusste nicht, wie eine Demokratie in Deutschland aussehen könnte. 1949/50 erhielt ich für ein Jahr ein Stipendium, um an der Harvard Universität *political sciences* zu studieren. Nach der Rückkehr lernte ich praktische Politik eher instinkthaft, nach dem Prinzip von *trial and error*. Ich habe viel versucht, mich mehrfach geirrt und mich ständig korrigiert.

Aber da war auch Ihr Mann, zwölf Jahre älter, ein CSU-Stadtrat mit einem gewissen Namen, Dr. Erwin Hamm. Er war Ihnen politisch voraus, doch dann haben Sie ihn irgendwann einmal überholt. Sie kamen in den Landtag, Sie wurden Staatsministerin, Sie waren im Bundestag. Sie hatten also etwas, was er nicht hatte. Was war es?

Wir waren zwar in unterschiedlichen Parteien, aber im Münchner Stadtrat gab es damals keine parteipolitische

Polarisierung oder Abgrenzung. Wenn Leute mich fragten, wie ich es denn aushielte, mit einem CSU-Mann verheiratet zu sein, da war und bin ich eher verwundert. Obgleich die Frage interessant ist, das gebe ich ja zu. Damals existierten eigentlich immer nur zwei Parteien, besser gesagt zwei politische Gruppierungen. Die einen waren überzeugte und unbeirrbare Antinazis und die anderen waren die mehr oder weniger »Braunen«, ehemalige Nazis, wenngleich diese damals noch nicht politisch agieren durften. Auch gab es viele Apologeten, die immer rechtfertigten, wie viel Gutes doch an Hitler gewesen sei, die Autobahn habe er gebaut, die Taximörder habe er aufhängen lassen und die Jugend sei doch so gefördert worden. Zu unserer kleinen, aber entschlossenen Antinazigruppe gehörten SPD- und CSU-Leute, sogar eine Kommunistin, Adelheid Wissmann, mit der ich mich befreundete. Sie hatte Schreckliches im KZ überlebt. Jener CSU-Stadtrat Erwin Hamm war so etwas wie unser Wortführer. Er stammte aus einer katholischen Familie. Seine Eltern wie auch die Geschwister waren alle Antinazis. Das war für mich sehr wichtig. Und als wichtig erwies sich auch, dass da von Anfang an ein zwölf Jahre älterer Mann beratend und bremsend an meiner Seite stand. Mein späterer Mann war zwar bereits damals von meinem Talent überzeugt, aber auch davon, dass ich viel Ärger bereiten könnte. Manchmal beschrieb er mich ironisch als die »heilige Johanna der Familie Hamm«.

Sie haben Ihre Heirat einmal als »Lebenskoalition« bezeichnet. Klingt das nicht sehr rational?

Manchmal sage ich sogar, unsere Ehe ist die einzige interfraktionelle Koalition, die über fünfzig Jahre gehalten hat. Das ist doch was.

Flogen da keine Liebesfunken?
Mein Mann und ich waren eigentlich nie besonders romantisch. Dafür waren wir beide schon zu alt. Bei der Hochzeit war ich ja schon fünfunddreißig. Dennoch: Zwischen uns existiert noch heute eine ganz starke Bindung und eine große Anziehungskraft. Und ich möchte hinzufügen, dass ich ohne meinen Mann das alles gar nicht durchgehalten hätte, schon gar nicht mit zwei Kindern. Völlig ausgeschlossen. Bei unserer Heirat wusste er ziemlich gut, worauf er sich eingelassen hatte. Ihm war klar, dass ich kein Heimchen am Herd werden würde. Aber wir beide rechneten nicht damit, dass es mit der Politik so schlimm kommen würde. Zum Glück bringt meinen Mann fast nichts aus der Ruhe. Im größten Trubel sagt er: »Das kriegen wir schon irgendwie hin.«

War Ihr Mann so etwas, was man heute einen Hausmann nennt?
Nein. Wenn ich heute meinen Sohn beobachte, wie er seine kleine Tochter wickelt, dann sehe ich immer zu meinem Mann und sage zu ihm: »Du hast mir ja viel geholfen, aber Windeln hast du nie gewechselt.«

Haben Sie für die damalige Zeit einen ungewöhnlichen Mann geheiratet?
Mein Mann ist so ein richtiger gestandener Bayer. Damit ist eine Mentalität verbunden, die außerhalb Bayerns kaum verstanden wird. Er ist konservativ und darum bei der CSU, aber gleichzeitig so liberal, wie ich es kaum selbst bin. Und er besitzt Humor, etwas, was ich nicht im Überfluss habe.

Was, Sie haben keinen Humor? Ist das eine Beichte?
Nicht diesen Karl-Valentin-Humor, den mein Mann hat, dieses Hintergründige, wissen Sie, auch manchmal Hinterfotzige, das fehlt mir leider.

Und wie hält Ihr Mann die Hildegard Hamm-Brücher aus?
Da müssen Sie ihn fragen. Aber ich will unsere, sicher ungewöhnliche Beziehung überhaupt nicht bagatellisieren. Über die Jahre gesehen bekam mein Mann in seiner Partei jede Menge Schwierigkeiten wegen mir, die er sehr tapfer wegsteckte. Aber wir beide sind zwei Menschen, die sich akzeptieren, auch in unseren unterschiedlichen Meinungen. Mir ist es zu langweilig, wenn Frauen und Männer auch in politischen Belangen immer dieselbe Ansicht haben. Und unseren Kindern haben diese lebendigen Auseinandersetzungen gut getan.

Was wählen Ihre Kinder?
Seitdem sie aus dem Haus sind, weiß ich es nicht mehr. Sollten sie einmal die Partei meines Mannes gewählt haben, dann sicher nicht, weil ihr Vater in dieser Mitglied ist. Verena ist ausgesprochen alternativ, tendiert zu den Grünen und Florian war als Schüler eher links. Bei einer Versammlung mit Helmut Schmidt in den siebziger Jahren regte sich mein Sohn aber über dessen Barschheit auf. Schmidt schimpfte, dass die Bildungsreformen der Frau Hamm-Brücher viel zu viel kosten würden und man sie sich deshalb nicht leisten könne. Natürlich wusste Schmidt nicht, dass mein Sohn unter den Zuhörern saß. Er hat mir anschließend alles brühwarm erzählt. Dies politische Kreuz und Quer in unserer Familie war also schon sehr lustig.

Interessant: Ihre Kinder mochten weder die Partei der Mutter noch die des Vaters.

Jeder Mensch wird durch andere Erfahrungen geprägt. Den Schritt, in die FPD einzutreten, hatte mir Theodor Heuss 1946 empfohlen. Er sagte zu mir: »Mädele, Sie müsset in die Politik!« Und für mich kam nur eine Partei in Frage, die das Wort »Freiheit« im Namen trug. Nachdem ich zwölf Jahre in »Unfreiheit« gelebt hatte, empfand ich »Freiheit« als das Wichtigste. Das hat sich bis heute nicht geändert. Als Verena und Florian aber anfingen, sich für Politik zu interessieren, gab es jede Menge Freiheit aber wieder rechte Naziwähler und harte Auseinandersetzungen zwischen Links und Rechts. Sie mussten sich also ganz anders positionieren als ich nach 1945. Die FDP war ihnen zu angepasst und bürgerlich. Den letzten Glauben an meine Partei verloren sie beim Misstrauensvotum gegen Helmut Schmidt 1982. Die FDP hatte seinen Sturz herbeigeführt und ich machte bei alldem nicht mit. Meine Gegenrede brachte mir sehr viel Ärger, aber auch Zustimmung. Meine Kinder fragten mich damals, wie ich es überhaupt noch in dieser Partei aushalten könne. Ja, vielleicht hätte ich schon damals austreten sollen, aber es blieben noch so viele nette Leute in der FDP. Wir wollten weitermachen, politisch als Sozialliberale überleben, das machten wir uns zur Aufgabe.

Sie haben damals gesagt, wer austritt, hat nichts mehr zu sagen.

Ich trete ja auch nicht aus der Kirche aus, wenn mir der Pfarrer nicht gefällt.

Konnten Sie sich überhaupt vorstellen, einmal nicht Politikerin zu sein?

Die Antwort ist schwierig. Es gab eine Zeit, das war 1966, da flog die FDP zum ersten Mal aus dem Bayerischen Landtag. Wir hatten die Zehn-Prozent-Hürde, die damals noch in einem Regierungsbezirk erreicht werden musste, nicht geschafft. Dafür kam die NPD rein. Die FDP war also draußen. Und damit war auch ich »weg vom Fenster«. Sechzehn Jahre war ich im Landtag gewesen, das könnte genug sein, so dachte ich damals. Unabhängig von einem politischen Amt hatte ich nämlich damit angefangen, wieder Artikel zu schreiben: über Bildungsreformen, Mädchenbildung, Chancengleichheit sowie Zwerg- und Konfessionsschulen. Für die *Zeit* startete ich eine große Artikelserie, »Reisen durch die pädagogischen Provinzen der Bundesrepublik«, die später auch als Buch erschien. Der Gedanke lag also nicht fern, dieses Feld weiter auszubauen. Damals rollte auch die erste große Reformwelle in der Bildungspolitik an. Vielen Menschen wurde bewusst, dass unser antiquiertes, selektives Schulsystem Schülern aus sozial schwachen Familien keine Bildungschancen eröffneten, desgleichen nicht Mädchen und Arbeiterkindern in der Stadt und vor allem auf dem Land. In den Lesebüchern meiner Kinder entdeckte ich rührend kitschige Geschichten. Vom Bübchen beispielsweise, das nicht in die Kirche gehen wollte und dem deshalb die Glocke hinterherlief, und vom Mütterchen mit den schwieligen Händen, die den ganzen Tag am Waschbrett schrubbte. Ich veröffentlichte diese und andere Texte und alsbald begann der große Kehraus in unseren Schulbüchern.

Doch meine Auszeit dauerte nicht lange und die Politik packte mich wieder. Ich erkannte, dass sich mit ihr mehr bewegen lässt als mit Artikeln.

Haben Sie sich einmal bewusst gegen die Familie und für die Politik entschieden?

Nein. 1966 fiel es mir nicht leicht, den Posten als Staatssekretärin im hessischen Kultusministerium anzunehmen. Zunächst lehnte ich das Angebot ab, weil meine Familie ja in München lebte. Dann aber kam der hessische Kultusminister, Ernst Schütte, ein Bergarbeitersohn aus Wanne-Eickel, zu uns nach Hause zum Mittagessen. Er schaffte es, meinen Mann und Florian zu bezirzen. Womit? Er zitierte Ludwig Thoma auf rheinländisch und konnte ganze Passagen aus seinem Werk auswendig. Die Stimmung war bestens. Nach dem Essen wurde es ernst. Wir unterhielten uns, wie unser Familienleben aussähe, wenn ich nach Wiesbaden ginge. Später zogen wir noch Florian hinzu, er war damals zwölf Jahre alt. Verena war mit ihren sieben Jahren noch zu jung für ein solches Gespräch, wenigstens fanden wir das. Wir fragten Florian, was er denn davon halten würde, wenn die Mutter von Montagmittag bis Freitagnachmittag nicht zu Hause wäre. Und Ernst Schütte warf noch ein, dass wir auch die vielen Feiertage und verlängerten Wochenenden mit bedenken müssten. Ich zögerte am stärksten. So ein Leben aus dem Kleiderkoffer hatte für mich etwas Bedrohliches. Aber mein Mann meinte, diese Aufgabe sei sehr wichtig für mich, weil ich damit die Chance hätte zu zeigen, dass ich noch anderes könne als mich im Bayerischen Landtag herumzukabbeln.

Hat Ihr Sohn das auch gesagt?

Florian konnte die ganze Tragweite der Entscheidung noch nicht ermessen. Er fand es toll, dass er gemeinsam mit uns überlegen durfte. Zum Glück hatten wir eine nette Kinderpflegerin, sie war wie eine ältere Tochter für uns. Und wir hatten unsere »Nitti«, die Haus und Küche versorgte. Es war also alles perfekt organisiert.

Hätte Ihr Sohn aus heutiger Sicht seine Zustimmung gegeben?
Das kann ich nicht sagen. Florian war schon auf dem Sprung in die Pubertät. Er war immer unterwegs mit seinen Pfadfindern. Aber Verena litt unter der Trennung. Sie war nur so unglaublich tapfer und verschlossen, dass sie ihre wirklichen Gefühle nie zugegeben hätte. Als ich einmal eine ihrer Lehrerinnen aufsuchte, sagte die mir, dass meine Tochter mich sehr vermissen würde. Gleichzeitig gab sich Verena nassforsch. So weiß ich von einer Einladung zu einem Kindergeburtstag, bei der eine Mutter sie in den Arm nahm und zu ihr sagte: »Ach, du armes Kind. Wenn deine Mutter immer weg ist, wer erzieht dich dann?« Darauf antwortete meine Tochter: »Bei uns zu Hause wird nicht erzogen.«

Hatten Sie Gewissensbisse, weil Sie Ihre Familie praktisch allein ließen?
Ja, ich habe mich damit sehr gequält. Immer hatte ich ein schlechtes Gewissen. Besonders, weil ich meiner Familie versprochen hatte, dass ich nach der Zeit in Hessen wieder nach Hause kommen würde. Stattdessen war die nächste Station Bonn, wo ich ab Ende 1969 als beamtete Staatssekretärin im Bundesministerium für Bildung und Wissenschaft arbeitete. 1972 zog ich zwar wieder nach München, um – neuerlich im Landtag – als Fraktionsvorsitzende der FDP zu amtieren, doch das Hin- und Herreisen sollte noch nicht zu Ende sein. Nachdem ich die FDP auch 1976 wieder in den Landtag gebracht hatte, hatte ich nach zweiundzwanzig Jahren die Fronarbeit als Land-

tagsabgeordnete endgültig satt. Also fragte ich meine Lieben: »Was meint ihr? Soll ich noch mal etwas anderes machen?« Niemand sprach sich dagegen aus. Alle hatten sich schon daran gewöhnt, dass Politik für mich eine Art Droge war. Ich ging dann wieder nach Bonn in den Bundestag und wurde von Minister Genscher als Staatsministerin ins Auswärtige Amt berufen. Verena hätte es mit Sicherheit lieber gehabt, wenn ich daheim geblieben wäre.

Macht sie Ihnen heute Vorwürfe?
Überhaupt nicht. Ende der siebziger Jahre löste sie sich ja auch von mir und meinem Mann, wie das alle sich emanzipierenden jungen Leute heute tun. Sie kritisierte uns und suchte ihren eigenen Weg.

Haben Sie einmal bewusst einen Flieger versäumt, um länger bei Ihrer Familie zu bleiben?
Wenn ich einmal ein Flugzeug nicht erreicht habe, sah ich immer zu, dass ich mit dem nächsten wegkam. Für mich galt das eiserne Prinzip, die Sitzungen wahrzunehmen und Verpflichtungen einzuhalten. Aber genauso eisern ließ ich mir die Wochenenden mit meiner Familie nicht durch plötzlich dazwischengeschobene Termine zerreißen. Das halte ich auch heute noch so. Irgendeinen Posten oder neue auswärtige Aufgaben bürde ich mir jetzt einfach nicht mehr auf. Und in meinem Alter werde ich ja sowieso nicht mehr gefragt, ob ich vielleicht noch Kommissarin in Brüssel werden möchte.

Hätten Sie damals die Möglichkeit gehabt, für ein paar Jahre beruflich auszusetzen?
In der Politik ist das kaum machbar. Da kann man nicht sagen, ich will jetzt die nächsten drei Jahre bei den Kin-

dern bleiben – sozusagen ein »Sabbatical« nehmen – und anschließend erscheine ich wieder auf der Bildfläche. Völlig undenkbar ist das! In jedem Beruf ist es schon schwer genug, Beruf und Familie miteinander zu vereinbaren und ohne Hilfe geht es kaum. Zu der Zeit, als meine Kinder noch versorgt werden mussten, gab es ja noch erstklassige Haushaltshilfen und nette Kindermädchen, die zuverlässig waren. Heute dagegen ist die Situation für berufstätige junge Mütter horrend schwer. Aber hätte ich das überhaupt gewollt, drei Jahre aus der Politik ausscheiden? Ich glaube nicht.

Ihre Tochter ist erst Krankengymnastin, dann Psychologin geworden, Ihr Sohn Pilot. Ist das auch eine späte Bewertung Ihres Lebens als Politikerin?

Florian hat sich mit seinem Beruf einen Traum erfüllt. Schon als kleines Kind zerlegte er jede Maschine, später war die Segelfliegerei sein Hobby. Bei Verena war das anders. Aus ihr wäre mit Sicherheit eine gute Politikerin geworden, aber sie gab mir klipp und klar zu verstehen: »Mami, ich lass mir mein Leben nicht so kaputtmachen, wie ich es bei dir erlebt habe. Du hast nie wirklich Zeit für dich gehabt, nie warst du völlig entspannt, auf so viel hast du verzichtet. So ein Leben will ich nicht führen.« Meine Tochter hatte ja nicht ganz Unrecht. Ich konnte am Wochenende noch so fröhlich tun, den Sack voll Probleme trug ich auch zu Hause mit mir herum.

Hat die Politik Sie verändert?

Ich weiß ja nicht, was aus mir ohne Politik geworden wäre. Ich habe diese spezifische Mischung in mir: preußisch, protestantisch und jüdisch. Sie können mich auch als unrettbaren Pflichtmenschen bezeichnen, der sich schwer tat, am Wochenende stillvergnügt spazieren zu gehen, Radtouren zu unternehmen oder einfach nur mit alten Freunden zu blödeln. Damals wurde ich pausenlos von dem Gefühl verfolgt, ich müsste noch dies und das erledigen und für die nächste Woche noch jenes vorbereiten. In meinem Kopf ging es stets zu wie in einem geschäftigen Ameisenhaufen. Eigentlich ganz schön nervig. Aber so war ich schon immer.

Was würde der Therapeut dazu sagen?
Ich will es gar nicht wissen. Ich habe aber auch nie wirklich zu mir selbst gesagt, jetzt lass die Politik.

War die Politik für Sie eine Berufung?
Ich möchte das schlichter ausdrücken. Am Anfang meiner beruflichen Laufbahn wäre es mir nicht in den Sinn gekommen, Politik als Hauptberuf zu betreiben. Später ergab sich das einfach.

Sie scheinen sich gern selbst zu verleugnen?
Erst war ich Stadträtin und dann Landtagsabgeordnete und Hausfrau, nicht mehr. Das Einzige, was ich wollte, war dazu beizutragen, dass nicht erneut ein falscher politischer Weg eingeschlagen würde. Das begann aber in den fünfziger Jahren mit einer stark restaurativen Phase. Die Kinder wurden nach Konfessionen aufgeteilt, die Mädchen auf den Stand der Ehe vorbereitet. Mit Demokratie hatte man wenig am Hut und mit Gleichberechtigung schon gar nichts. Und weil ich das alles bemerkte, wollte ich es ändern. Wenn ich an meine ersten Aktivitäten als Stadträtin denke, dann hatten diese mit Berufung wahrlich nichts zu tun. Ich stieg mit einem Hausmeister auf das Dach einer Schule, Dachpappe

unter dem Arm, und irgendwie bekamen wir es hin, die größten Löcher abzudichten. So wurde es möglich, auch im dritten Stock dieser Schule Klassenzimmer zum Unterricht zu nutzen, und zwar täglich in drei Schichten. Das muss man sich mal vorstellen, noch nach der Währungsreform gab es drei Unterrichtsschichten an unseren Schulen, wobei die einzelnen Klassen oft zwischen sechzig und siebzig Schüler hatten. Und der Münchner Oberbürgermeister Thomas Wimmer, der ein großes Rechengenie, aber auch ein Faktotum war, der stand da mit heruntergerutschter Brille und erhobenem Zeigefinger vor mir und wollte mir beibringen, wie man sich als Stadträtin zu bewähren habe. Er kam dann mit Notizbüchern an, in denen er Zahlen über Zahlen aufgeschrieben hatte und damit rechnete. Wenn er dann mit dem Rechnen fertig war, sagte er: »Frau Kollegin, wir werden noch bis 1990 in München Schichtunterricht haben.« Ich war empört und sagte ihm, Zahlen würden hier gar nicht weiterhelfen. Wir sollten stattdessen alle anpacken und etwas tun, beispielsweise Lehrer finden, improvisieren und bauen, damit wir in spätestens zehn Jahren keinen Schichtunterricht mehr hätten. So fing ich an. Doch eine richtige Leidenschaft für die Politik entwickelte ich erst in der Auseinandersetzung mit der Nazivergangenheit und meiner eigenen Partei. Nach meinen »Dach-Aktionen« und ähnlichem begriff ich: Es ist zwar alles ganz schön, was du da machst, aber es genügt nicht. Du musst grundsätzliche Themen aufgreifen und versuchen, auch mal in der Partei einen Fuß auf den Boden zu bekommen. Und als ich dann nach meinem Wahlsieg 1962 in den Bundesvorstand gewählt wurde, da war das eigentlich nur ein Zufall. Ich wusste nicht einmal, was ein Bundesvorstand zu machen hatte.

Irgendwie bin ich immer eine Naive gewesen. Und vielleicht bin ich es bis heute noch ein wenig geblieben.

Warum sagen Politiker nie, dass die Macht sie reizt?
Ich kann dazu keine Auskunft geben. Ich habe keine Begabung für Machtgelüste. Ehrlich nicht.

Understatement?
Nein. Es mag blödsinnig klingen, aber in den fünfziger und sechziger Jahren konnte ich als junge Politikerin überhaupt nicht an Machtgewinn oder an bestimmte Positionen denken. Das war außerhalb meiner Vorstellungen.

Bei heutigen Politikergenerationen sehe ich das aber anders.
Das stimmt. Wer heute in die Politik einsteigt, gibt gleichzeitig zu erkennen, dass ihn Macht und Einfluss locken und faszinieren.

Haben Sie als junge Stadträtin nie darüber nachgedacht, wo Sie in zwanzig Jahren sein könnten?
Solche Überlegungen habe ich nie angestellt. Ich war einfach glücklich, dass ich Krieg und Nazis überlebt hatte und dass ich frei war. Mich beherrschte ein Grundgefühl: Auch aus den schlimmsten Zeiten ist ein Rauskommen möglich. Und nun kann alles nur besser werden.

Aber später muss sich doch Ihre Einstellung verändert haben?
Ich habe meine Karriere nie geplant. Weder meine Ämter in Hessen noch in Bonn. Sie fielen mir buchstäblich in den Schoß.

Verdirbt Politik den Charakter oder verderben die Charaktere die Politik?

Ich würde sagen weder noch und sowohl als auch. Bei vielen jungen Leuten, die zu Beginn ihrer politischen Karriere sehr offen waren und charakterlich gefestigt, konnte ich beobachten, wie sie sich nach einiger Zeit veränderten. In der Fraktion spürten sie sehr bald Vorbehalte und Grenzen. Sie brauchten sich nur dreimal querzulegen oder wollten neue Initiativen ergreifen, dann wies man sie, zunächst freundlich, in die Fraktionsschranken. Wie lange halten junge Politiker das durch? Die meisten sagen sich, ich bin ins Parlament gekommen, weil ich Politiker werden und Karriere machen will. Da will ich nicht als Hinterbänkler sitzen bleiben, sondern weiterkommen. Und dann fangen die kleinen Zugeständnisse an. Spätestens wenn sie die ersten Mahnungen und Strafen spüren. Beispiel: In der Fraktion wird für irgendeine Aufgabe ein neuer »Sprecher« gesucht oder ein Obmann und dann denkt derjenige oder diejenige, das könnte ich eigentlich machen. Meldet sich diese junge Person für den Job, so bekommt sie ihre ersten Zensuren. In einer solchen Situation bekam ich einmal folgenden Satz zu hören: »Also, meine Liebe, bevor Sie diese Aufgabe übernehmen können, müssen Sie sich aber in der Fraktion noch ein bisschen anpassen.« Auch Parlamentsreisen eignen sich zum Belohnen oder Abstrafen. Steht beispielsweise ein größerer Auslandstrip an und kann die Fraktion ein oder zwei Leute dafür benennen, dann wird der Querdenker mit Sicherheit nicht dabei sein.

Das ist ja wie im Kindergarten!

Jungen Leuten wird es wirklich schwer gemacht, den Ansichten, für die sie anfänglich noch durchs Feuer gegangen wären, treu zu bleiben. Dafür muss man schon ein ziemlich ausgeprägtes Stehvermögen haben. Viele merken es kaum, wenn ihr Rückgrat millimeterweise verbogen wird. Für einen rechtzeitigen Widerstand oder Ausstieg braucht man ja auch einen starken Charakter. Immer wieder habe ich versucht, zu diesem Thema mit Kollegen – überwiegend mit Frauen – Gespräche zu führen. Gerade in meiner Bonner Zeit scharte ich junge Politikerinnen um mich. Bei einem Glas Wein oder Bier versuchte ich sie zu ermutigen, gegen sinnlose Reglementierung im Parlament und in der Fraktion anzukämpfen. So erklärte ich ihnen beispielsweise, weshalb es nicht akzeptabel sei, dass sich ein Abgeordneter im Deutschen Bundestag nicht zu Wort melden dürfe, wenn er dies wünsche, oder dass er kein Recht habe, die Akten der Exekutive einzusehen. Und immer wieder wies ich auf den schon genannten Grundgesetzartikel 38 hin, der ja besagt, dass Abgeordnete an Aufträge und Weisungen nicht gebunden und nur dem eigenen Gewissen verantwortlich seien. Daraus entstand dann ein Riesenprogramm zur Parlamentsreform. Viel davon konnten wir allerdings zwischen 1984 und 1990 nicht durchsetzen.

Den Anstoß zu Ihrer politischen Laufbahn hat Ihnen Theodor Heuss gegeben. Jetzt schauen Sie die jungen Leute an, die hier sitzen. Würden Sie ihnen guten Gewissens raten, in die Politik zu gehen?
Man muss nicht gleich Bundestagsabgeordnete werden wollen. Es wäre schon viel erreicht, wenn sich interessierte und auch verantwortungsbereite junge Menschen neben dem Beruf und ihrer Privatsphäre, mehr als bisher politisch einbringen würden. Ich denke da auch an Bürgerinitiativen, die außerhalb der Parteien stehen.

Dabei haben Sie selbst erfahren, wie schwer es ist, Dinge umzusetzen. Schon 1970 schrieben Sie einen Bericht, in dem im Prinzip schon alles drin stand, was auch PISA konstatierte. Über dreißig Jahre ist demnach nichts passiert. Ist das nicht zum Verzweifeln?
Ich folge da Max Weber. »Politik, auch Bildungspolitik ist geduldiges Bretterbohren mit Augenmaß und Leidenschaft.« Und nur der, der trotz aller Einsicht, die Welt nicht verbessern zu können, »dennoch sagt, der hat den Beruf zur Politik«.

Können Sie den Beruf des Politikers ehrlich empfehlen?
Ja, freilich, warum denn nicht.

Würden Sie so weit gehen und sagen, dass es Pflicht sei, sich in der Demokratie politisch zu engagieren?
Verantwortung ist das bessere Wort. Denn jeder Wähler trägt zur Entscheidung bei, auf welche Art und Weise wir und von wem wir regiert werden wollen. Aber ich bin sehr besorgt darüber, dass nicht einmal vier Prozent der Bevölkerung in einer Partei organisiert sind. Dabei bin ich überzeugt, dass weit mehr Menschen an politischen Themen interessiert sind und sich auch engagieren. Ich gehe da von mindestens dreißig Prozent aus. Für mich sind das Anzeichen, dass die Parteien für die meisten Menschen nicht mehr attraktiv sind. Da liegt so vieles im Argen. Alle Parteien brauchen dringend Nachwuchs. Doch nicht wenige junge Leute sind der Ansicht, dass sie in einer Partei mit ihren Vorstellungen nicht weiterkommen. Aber die Reni, so wie ich sie hier erlebe, könnte schon längst Assistentin bei einem Abgeordneten sein.

Und in drei Jahren Parteichef der FDP, nicht wahr?

Lieber nicht! Wir leiden immer noch unter dem Scheitern der Weimarer Demokratie. Viele Menschen brachte diese Erfahrung zu der Überzeugung, Demokratie sei nichts für uns Deutsche. Viele von ihnen waren übrigens keine Nazis. Nur konnten sie sich nach 1945 eine demokratische Regierung nicht mehr vorstellen. Sie waren davon überzeugt, dass Demokratie eine reine Quatschbude sei, einzig bestimmt von Parteienklüngeleien. Diese Animosität bekam ich auch zu spüren. Große demokratische Pläne oder Höhenflüge waren, wie ich bereits sagte, zunächst nicht denkbar.

Superstar Dieter Bohlen hat tatsächlich gesagt, er würde in die Politik gehen. Nehmen die jeden?
Ich kann mir schon vorstellen, dass Herr Möllemann nicht abgeneigt wäre, Dieter Bohlen um sich zu haben – sollte er eine eigene Partei gründen.

Warum engagieren sich viele junge Leute außerhalb von Parteien?
Unsere Parteien wollen nicht kapieren, was das Wort »Partei« eigentlich heißt. Es kommt von dem lateinischen Begriff »pars«, zu deutsch Teil. Eine Partei und die Parteien als Ganzes sind also immer nur ein Teil der Demokratie. Diese Bedeutung wird aber permanent verdrängt. Die Parteien wollen die Demokratie beherrschen. Das steht aber so nicht im Grundgesetz. Da ist nur festgeschrieben, dass sie bei der »politischen Willensbildung« mitwirken sollen. Nirgendwo können wir in unserer Verfassung lesen, dass die Parteien die ganze Demokratie beherrschen sollen. Das ist im Grunde eine verfassungswidrige Deformation unseres Grundgesetzes. Die Verfassungswirklichkeit ist anders. Und wenn junge Menschen

begreifen würden, dass Parteien nur einen Teil der Demokratie ausmachen, dann könnten sie auch einen anderen Zugang zum Politischen finden. Die Parteien wiederum müssten ehrlich sagen, ihr jungen Menschen seid uns willkommen und ihr seid wichtig, nicht nur für das Wohl und Weh einer Partei einzutreten, sondern auch für das Wohl und Weh der Demokratie.

Die Realität ist anders.
Leider.

Sind Sie mit Ihren Zielen in der eigenen Partei weitergekommen?
Ich wollte immer etwas ändern, weshalb ich auch permanent Schwierigkeiten hatte. Meine Bemühungen sind aber auch in die Arbeit der Theodor-Heuss-Stiftung eingegangen, die ich 1964 nach dem Tod unseres ersten Bundespräsidenten gegründet habe. Damals dachte ich: Für jeden »Klacks« gibt es eine eigene »Politik«, nur für die Demokratie gibt es keine. Also erfand ich den Begriff »Demokratiepolitik«, im Gegensatz zur Parteienpolitik. Zum fünfzigsten Geburtstag des Grundgesetzes habe ich über die Stiftung zusammen mit vielen anderen Gruppierungen bundesweit bürgergesellschaftliches Engagement mobilisiert. Ich wollte versuchen, möglichst viele Bürger dazu zu ermutigen, sich mit den wegweisenden Bestimmungen des Grundgesetzes auseinander zu setzen. Sie gehen uns doch alle etwas an, das wollten wir immer wieder zu verstehen geben. Ich wollte auch dazu beitragen, dass sich mehr Bürger gemeinsam Gedanken über die Entstehung der Bundesrepublik machen. Überlegt doch mal, so forderte ich sie auf, was eigentlich aus unserer Republik geworden ist. Und ich fragte uns, wie

es gelingen könnte, demokratisches politisches Leben in Deutschland auch außerhalb der Parteien zu beleben. All diese Aktivitäten zum fünfzigsten Geburtstag des Grundgesetzes sind in einer kleinen Broschüre nachzulesen. Damals besuchte uns zu guter Letzt auch noch Roman Herzog, damals Bundespräsident. Zu Hunderten wanderten wir zu Bundestagspräsident Thierse in den noch nicht umgebauten Reichstag. Damals war Wolfgang Thierse noch ganz begeistert von unserem Projekt einer engagierten Bürgergesellschaft; heute hat er sich im Establishment schon ziemlich gut eingenistet.

Sie haben in Ihrem langen Politikerinnenleben schmerzlich erfahren, dass das Parteiensystem wenig reformfähig ist. Trotzdem wird, wenn ich Sie richtig verstanden habe, die Parteiendemokratie deshalb zum Ende kommen, weil sie den Rückhalt bei denen verliert, die sie wählen sollen. Was aber wird danach kommen?
Da gab es unseren Versuch, eine »Demokratiestiftung« ins Leben zu rufen. Im Zusammenhang mit unseren Aktionen im Mai 1999 hatten wir eine große Petition an den Bundestag gerichtet, in der wir unter anderem einen »Demokratiepfennig« zur Finanzierung von Bürgerengagement forderten. Der »Pfennig« hätte nach unserer Vorstellung von den Mitteln abgezweigt werden müssen, die die Parteien zu ihrer Finanzierung erhalten. Der »Demokratiepfennig« wiederum sollte dann der Bürgergesellschaft zugute kommen. Natürlich wollten wir die Parteien damit auch ein wenig provozieren. Sie sollten auch etwas für unsere Finanzierung »opfern«. Die Petition lag dann fast zwei Jahre beim Bundestag herum, bis der Petitionsausschuss sie 2002 kurz vor den Wahlen endlich zur Weiterberatung an die Fraktionen leitete. Eine

direkte Abfuhr erhielten wir also nicht, aber auch keine Unterstützung.

Unsere Wahlkämpfe sind ein anderes Bürgerärgernis. Zu lang, zu teuer, zu kommerzialisiert. Sie sind nicht mehr bezahlbar, es sei denn über Spendenskandale. Alle Parteispendenskandale sind doch nur deshalb an der Tagesordnung, weil die Parteien für ihre kommerzialisierten und überteuerten Wahlkämpfe nicht genug Geld haben. Sie treiben die Parteien in den Ruin oder in illegale Praktiken. In diese Skandale waren übrigens alle Parteien verwickelt. Manche werden dabei erwischt, andere wieder nicht. Dazu kommt, dass wir pausenlos in Wahlkämpfen leben. Zuerst waren es die Bundestagswahlen, dann ging der blödsinnige Trubel mit den Landtagswahlen weiter und die nächsten Kommunalwahlen stehen auch schon wieder vor der Tür. Kein Wunder, dass dringende Entscheidungen nicht mehr gefällt werden können, weil dauernd irgendwelche Rücksichten genommen werden müssen. Das ist eine gefährliche Entwicklung: Die Wahlbeteiligung wird immer niedriger, die Verdrossenheit der Bürger immer größer …

Das Problem ist erkannt. Was aber ist Ihre Prognose?
Ich bin trotz meiner Kritik für politische Parteien. Wie anders wollen wir sonst politische Entscheidungsprozesse organisieren? Dennoch erkenne ich, dass wir uns in einer Situation befinden, die für die Akzeptanz unserer Demokratie wieder gefährlich werden könnte.

ZWEITE GESPRÄCHSRUNDE

Hildegard Hamm-Brücher, Sandra Maischberger, Ayla Busch-Muderris, Lena Gorelik, Alexander Kilz, Reni Maltschew, Rupprecht Podszun und Tobias Winstel

Darf ich Sie etwas Persönliches fragen?
Nur zu.

Ich kenne Sie nur mit grauen Haaren. Welche Haarfarbe hatten Sie, bevor Sie grau wurden?
Ich bin schon sehr früh grau geworden. Eigentlich hatte ich schon mit dreißig Jahren graue Strähnen.

Und nie gefärbt?
Nie.

Auf den Bildern mit Ihrer Großmutter waren Ihre Haare ...
... dunkelblond.

Haben Sie es bedauert, dass Sie so früh grau wurden?
Es kam wie es kam. So musste ich nie dem Friseur Anweisungen geben, welche Tönung es dieses Mal sein sollte. Dafür sagte er mir heute Morgen, als er mich für dieses Gespräch frisierte, dass der Möllemann mit seinen Äußerungen Recht habe. So denken wohl viele.

Und was haben Sie ihm geantwortet?
Er könne natürlich so denken, in einer Demokratie seien

unterschiedliche Meinungen ja selbstverständlich. Aber es sei etwas völlig anderes, ob man selbst in einer Partei bleiben wolle, in der Aussagen und Verhalten wie die des damals noch stellvertretenden Vorsitzenden Möllemann möglich sind.

Reagierte er darauf?
Er meinte, ich hätte mit meinem Austritt der Partei nur geschadet. Ich gab ihm zu verstehen, dass ich mir nicht sicher sei, ob seine Befürchtung stimmen würde. Aber wenn es so sein sollte, dann könne ich es leider auch nicht ändern. Daraufhin sagte er gar nichts mehr. Er fummelte nur weiter an meiner Frisur herum. Irgendwann werden diese aufgeregten Gespräche auch wieder abflauen. Das ist der Lauf der Dinge.

Sie sehen auf all Ihren Fotos immer so toll aus. Auch heute passt alles perfekt zueinander. Wie wichtig ist es für Sie, modisch auf dem neuesten Stand zu sein?
Für mich sind Kleider eine Frage des Wohlfühlens. Wenn ich etwas im Schaufenster sehe, was mir gefällt und mir stehen könnte, dann kaufe ich es. Wobei es heute nicht mehr viele Dinge gibt, die mir ins Auge fallen. Aber ich gehe eigentlich nie mit dem Ziel in die Stadt, heute musst du dir ein neues Kleid anschaffen.

Dennoch haben Sie immer auffällig schöne Kleider und Kostüme gefunden.
Anders könnte ich meines Erachtens in der Öffentlichkeit nicht auftreten. Man muss natürlich immer saubere Blusen tragen und die Röcke dürfen auch nicht knittern. Und ein Kleid für nachmittags sollte man auch noch in einer größeren Handtasche parat haben.

Wann fanden Sie denn die Zeit für Ihre Spontaneinkäufe?
Hauptsächlich auf Auslandsreisen. Oft habe ich die Frauen von unseren Botschaftern gefragt, wo ich denn etwas Hübsches finden könnte. Ihre Adressen waren gar nicht so schlecht. Manchmal habe ich auch sehr lustige Sachen erstanden – zum Beispiel bunte, wallende Gewänder, die ich in Nairobi oder in den USA gekauft habe. Natürlich zog ich diese nicht im Bundestag an. Man muss immer überlegen, welches Kleid zu welchem Anlass passt.

Haben Sie immer Ihre Linie gehalten?
Einigermaßen.

Aber das war anscheinend nie eine Anstrengung für Sie, wenn ich so betrachte, was Sie zum Mittag gegessen haben?
Die Suppe war köstlich. Und erst der Nachtisch, Pannacotta und Obstsalat. Es ist wohl beobachtet worden, dass ich zweimal nachgenommen habe.

Wann waren Sie das letzte Mal im Kino?
Mit meinem Sohn Florian. Das war während seiner Pubertät, ist also lange her.

Nach dem Krieg arbeiteten Sie als Wissenschaftsredakteurin für die *Neue Zeitung* in München. Erich Kästner war ein viel geliebter Kollege von Ihnen. Jetzt ist sein Buch »Das fliegende Klassenzimmer« neu verfilmt worden. Wäre das für Sie ein Grund, noch einmal ins Kino zu gehen?
»Der Pianist« würde mich eher reizen. Das Buch, auf dem

der Film basiert, geschrieben von dem polnischen Autor Wladyslaw Szpilman, habe ich schon gelesen. Die Umsetzung von Polanski würde mich interessieren, weil ich den Regisseur für brillant halte. Die Geschichte ist so dramatisch, also: Ich muss mir den Film anschauen. Aber seltsam ist es schon, ich komme einfach nicht ins Kino.

Oder Sie gehen einfach nicht gern ins Kino?
Wahrscheinlich. Meine Augen sind anschließend auch sehr angestrengt, so rot und müde. Aber eigentlich ist Kino eine tolle Erfindung.

Wie fängt bei Ihnen der Tag an? Und wann?
In der Regel stehe ich um sechs Uhr auf. Anschließend stelle ich meine am Abend vorbereitete Kaffeemaschine an, gehe vor die Wohnungstür, hole die Zeitung und mache es mir bequem.

Welche Zeitung?
Die *Süddeutsche.* Neben dieser und anderen Tageszeitungen lese ich auch regelmäßig *Die Zeit.*

Und wieso um sechs?
Da bin ich wach. Dagegen kann man mich abends nach acht kaum noch ansprechen. Früher war es genau umgekehrt, da war ich eine richtige Nachteule. Morgens konnte ich kaum aufstehen. Und jetzt muss ich früh schlafen gehen.

Wie verbringen Sie Ihre Zeit, jetzt, wo Sie politisch nicht mehr aktiv sind?
Ich renne dauernd ans Telefon, weil ich keine Sekretärin mehr habe, öffne Briefe, werfe viele Drucksachen

weg oder stecke Briefantworten ins Faxgerät, um bestimmte Anfragen gleich zu erledigen. So gesehen bin ich noch richtig im Geschäft. Oft soll ich hier mal ein Grußwort schreiben oder sprechen oder dort zu einem Buch ein Vorwort verfassen. Aber ich habe wenig Muße dafür. Ich frage mich dauernd, wie ich mich besser organisieren könnte, um mich mehr zu entlasten. Momentan finde ich die Überlastung fast unerträglich.
Die meiste Zeit verbringe ich aber damit, meinen vierundneunzigjährigen Mann gut zu versorgen. Er ist noch kein Pflegefall, aber er muss betreut werden. Das macht manchmal Mühe, bringt aber auch große Freude. Hin und wieder grüble ich darüber nach, wann ich endlich mal wieder in Ruhe zum Schreiben kommen könnte, und wenn es nur ein guter Artikel wäre.

Kann die Theodor-Heuss-Stiftung Ihnen nicht eine Sekretärin stellen?
Das möchte ich nicht. Die Stiftung hat selbst nicht viel Geld. Einmal in der Woche hilft mir eine sehr nette und tüchtige frühere Mitarbeiterin, die mir im Bundestag meine Wahlkreissachen erledigt hat. Ich stecke ihr Bänder in den Briefkasten, auf denen ich Briefe diktiert habe, die schreibt sie dann ab. Ich finde es sehr wichtig, möglichst alle Briefe zu beantworten und sie nicht einfach liegen zu lassen.

Haben Sie »Der Herr der Ringe« gelesen oder »Harry Potter«?
Beide Bücher kenne ich nicht. Aber man müsste sie lesen.

Wirklich?
Es ist wichtig für mich zu wissen, was junge Menschen

jetzt interessant finden, wofür sie schwärmen, was sie beschäftigt. Und dazu gehören diese Bücher. Aber wahrscheinlich zögere ich, weil da so viel Gruseliges vorkommen soll. Und solche Dinge kann ich nicht mehr gut vertragen.

Was ist Ihr Lieblingsbuch?
Im Augenblick favorisiere ich die ostasiatischen Schriften von Hermann Hesse. Bei dieser Sammlung öffnet sich für mich eine Welt, die mich schon immer in den Bann gezogen hat. Meine Reisen nach Asien werde ich wohl nie vergessen. Ich weiß noch, wie ich 1981 mit Mutter Teresa durch die Sterberäume in den Kirchen von Kalkutta gegangen bin. Die Gelassenheit der vielen Menschen, die da todgeweiht lagen, hat mich tief bewegt. Sie dämmerten in den Tag hinein ohne jegliche Angst vor dem Tod. Erst fürchtete ich, ich würde diesen Anblick nicht aushalten können. Aber ich fand die Stimmung und die Fürsorge der Schwestern sehr bewegend, ja sogar sehr schön und tröstlich. Solche gewachsenen Religionen und Traditionen werden heute zerstört. Das ist mir ein Gräuel.
Hermann Hesse hat sehr viel Wichtiges dazu geschrieben. Neben Thomas Mann ist er für mich der bedeutendste deutsche Dichter und Schriftsteller des vorigen Jahrhunderts. Seine Schilderungen und Gedanken zu den asiatischen Religionen und Lebenseinstellungen ziehen mich geradezu magisch an. Was er über den indischen Buddhismus und den chinesischen Konfuzianismus geschrieben hat, beschäftigt mich sehr. Hesses Großvater war ja als Missionar in Asien tätig, bis er sich vom christlichen Glauben lossagte. Als Folge dieser Familiengeschichte ist der junge Hesse selbst oft nach

Asien gereist. Schon vor dem Ersten Weltkrieg emigrierte er in die Schweiz, nach Montagnola. Er hielt den damaligen Hurra-Patriotismus einfach nicht mehr aus. Hesse zu lesen kann ich nur empfehlen.

Hören Sie gern Musik?

Musik ist für mich ein Lebenselixier. Mozart zum Beispiel versetzt mich in fröhliche Stimmung. Um mich zu sammeln und zu mir zu finden höre ich Bach, insbesondere die Goldberg-Variationen.

Werden Sie jetzt Buddhistin?

Nein. Aber wir Christen glauben immer, was für eine einmalige Religion wir haben. Dabei sind die buddhistischen und hinduistischen Religionen mindestens genauso aufregend.

Was halten Sie vom Papst?

Ein großer Papst, für mich oft zu konsrvativ.

Sie kennen ihn persönlich?

Da gibt es eine lustige Geschichte von seinem ersten Besuch in Deutschland im November 1980. Zu diesem Anlass empfingen wir Kabinettsmitglieder ihn im Schloss Brühl. Wir standen da wie eine ordentlich aufgezogene Perlenkette. Mein Mann war auch dabei. Und dann kam Papst Johannes Paul II. und Kanzler Helmut Schmidt stellte uns alle vor. Als mein Ehegespons und ich an die Reihe kamen, sagte Schmidt: »Das sind meine Staatsministerin im Auswärtigen Amt und ihr Mann Dr. Hamm.« Der Papst blickte mich daraufhin durchdringend an und fragte: »Haben Sie Kinder?« Und ich habe korrekt geantwortet: »Ja, zwei erwachsene.« Nach einer kleinen Pause meinte er verschmitzt: »Na, dann können Sie ja Politik machen.« Damit wollte er mir wohl zu verstehen geben, dass ich, wenn die Kinder noch klein gewesen wären, seiner Meinung nach nicht hätte Ministerin sein dürfen.

Sie haben nicht widersprochen?
Ich war in diesem Moment perplex und er ging dann auch gleich weiter. Eine nette Episode war das.

Warum haben Sie ihm diese Aussage nicht übel genommen? Er sagte doch genau das, wogegen Sie immer gekämpft hatten!
Ich bin einfach keine Frau, die gleich ihre Krallen zeigt. An diesem Tag hatte ich eine viel zu gute Laune, die ich mir mit einer möglichen Auseinandersetzung nicht verderben wollte. Mein Mann stupste mich an und wir konnten gerade noch ein Lachen unterdrücken. Anschließend bekam jeder von uns noch einen schönen Rosenkranz geschenkt.

Also ist Ihnen der Papst sympathisch?
Ja und nein. Trotz seiner konservativen Einstellungen ist es ihm gelungen, die katholische Christenheit zusammenzuhalten. Das ist seine große Leistung, davon bin ich überzeugt. Auch schafft er es immer wieder, junge Menschen zu motivieren. Aber mir liegen alle religiösen Überzeugungen nicht, die von ihrem allein selig machenden Anspruch überzeugt sind. Wenn ihr nur glaubt und uns folgt, dann braucht ihr euch keine eigenen Gedanken mehr zu machen. Dann kommt ihr alle in den Himmel. Ich denke: Mit derartigen Verheißungen macht man es sich zu einfach.

Welchen Posten hätten Sie gern einen Tag lang innegehabt?
Außenministerin. Bundeskanzlerin hätte ich nicht gewagt. Fast wäre ich sogar tatsächlich Außenministerin geworden. Ende September 1982. Nachdem Kanzler Schmidt die FDP-Minister entlassen hatte und nur noch kurze Zeit Kanzler war, da hat er mich ernsthaft gefragt, ob ich nicht Außenministerin werden möchte.

Und warum haben Sie das nicht gemacht?
Ich habe mir diese Aufgabe nicht zugetraut, obgleich ich sechs Jahre Copilotin bei Außenminister Genscher war. Zudem wäre das Quatsch gewesen. Ich wusste doch, dass die Regierung nicht mehr lange halten würde. Vielleicht nur noch eine Woche, bis der Kanzlersturz im Parlament vollzogen war. In dieser Situation hätte ich eine Zusage auch nicht für richtig gehalten.

Was fehlte Ihnen zu diesem Posten?
Härte und auch eine gewisse Skrupellosigkeit. Als Außenminister muss man permanent auch für solche ausländischen Regierungen Sympathie zeigen oder ihre Wünsche erfüllen, die man politisch ganz und gar unsympathisch findet. Damals beispielsweise Südafrika oder lateinamerikanische Staaten. Auch gibt es im Außenministerium einen so genannten kontrollfreien Reptilienfonds – hohe Millionenbeträge –, in die nicht einmal der Bundesrechnungshof im Einzelnen einsehen darf. Ich habe so einige Male mitbekommen, wofür die Mittel ausgegeben wurden.

Zum Beispiel? Also nur, um so in etwa zu wissen, wovon wir hier reden.

Das darf ich nicht, da stehe ich unter Geheimhaltung. Jedenfalls für so Sachen, die Sie nicht gut finden würden. Aber auch bei offiziell bekannten internationalen Leistungen, wenn ich an manches denke, dann wird mir noch nachträglich mulmig zu Mute. Da bekamen Machthaber Polizeiautos und Ausrüstungsgegenstände zugesteckt – natürlich mit Begründungen, die deren Sicherheit betrafen –, die würden Sie nie im Leben gutheißen. Aber unabhängig von all dem – ich wäre gern Außenministerin gewesen.

Und außerhalb der Politik?
Eine Frau, die gut schreibt oder Theologin.

Eher eine Agatha Christie oder eine Hannah Arendt?
Virginia Woolf wäre heute meine Favoritin. Und als Kind wollte ich immer Theologie studieren, obgleich man das damals als Frau nicht durfte. Aus Trotz wollte ich dann einen Pfarrer heiraten. Zum Glück habe ich es nicht getan. Das wäre wohl auch nicht gut gegangen.

War ein CSU-Stadtrat nicht auch eine Art Pfarrer?
Wohl kaum. Eine frühere Reinemachefrau wurde einmal von einem Paparazzo ausgefragt, ob denn bei den Hamms zu Hause gebetet würde. Er bekam daraufhin die Antwort, dass sie nicht wüsste, ob bei uns gebetet würde, sie wäre ja bei Tisch nicht dabei. Und weiter: »Aber die Frau Doktor geht in die Kirche und der Herr Doktor ist ja in der CSU.«

Hatten Sie auch andere Berufswünsche?
Ich wollte auch Karussellfrau werden, weil ich als Kind so wahnsinnig gern in der Luftschaukel herumflog.

Nicht schlecht! Karussellfrau!
Und Schwimmweltmeisterin.

Ihr Vater brachte Sie dazu, vom Zehn-Meter-Brett zu springen. Hatten Sie Angst?
Ich war damals etwa acht Jahre alt. Mein Vater wollte eine Sportlerin aus mir machen. An einem Sommertag ging er mit mir ins Freibad Krumme Lanke in Berlin-Wannsee. Ich weiß noch, wie mir die Stufen hinauf zum Sprungturm endlos vorkamen. Oben stand mein Vater in seinem weißen Bademantel. Als ich dann auf dem Brett stand, schaute ich vertrauensvoll zurück. Er würde mich immer beschützen, davon war ich überzeugt. Ich sprang – und hatte das Gefühl, als könnte ich fliegen. Meine Angst war in diesem Augenblick verschwunden. Der Sprung ins Ungewisse war gelungen.

Das Wasser ist Ihr Element?
Es war wichtig, um die Furcht und die Trägheit zu überwinden, um Dinge in Gang zu setzen, neu und besser zu machen. Wasser ist nachgiebig, aber auch hart und es hat mich immer getragen.

Sie sagten, Sie trauten es sich nicht zu, Außenministerin zu werden. War das ein Sprung vom Fünfzehn-Meter-Brett?
Mehr. Mindestens zwanzig. Ein solches Ministerium zu leiten, ist unglaublich kompliziert. Denken Sie nur an diesen ganzen Apparat, der dazu gehört, all die ausländischen Vertretungen mit ihren Diplomaten, die internationalen Organisationen, dieses gesamte Netzwerk. Aber eigentlich ist das Unsinn, was ich da sage. Ich hätte es machen sollen. Ich wusste doch, wie der Hase läuft.

Aber ich bin zunächst immer vor größeren Aufgaben zurückgeschreckt. Schon damals 1966, als ich erst beim zweiten Anlauf zusagte, Staatssekretärin im hessischen Kultusministerium zu werden. Vielleicht liegt dieses mangelnde Selbstbewusstsein daran, dass ich eine Frau aus einer anderen Generation bin. Ich staune immer, wie die jungen Frauen heute einen Posten als Ministerin annehmen, ohne jede Erfahrung, ohne jede Ahnung, was da eigentlich auf sie zukommt.

Die jungen Männer sind aber auch nicht anders.
Die gehen mich in diesem Zusammenhang nicht so viel an.

Gibt es einen Außenminister, bei dem Sie denken, der hätte sich das lieber nicht zutrauen sollen?
Wen meinen Sie, Genscher? Kinkel?

Befassen wir uns mit den beiden Herren.
Ich habe ja schon gesagt, dass Klaus Kinkel ein hervorragender Beamter ist, dem insoweit diplomatisches Manövrieren nicht in die Wiege gelegt worden ist. Dennoch hat er seine Sache sehr gut gemacht. Er ist ein sehr lernfähiger Politiker geworden. Zu meiner Zeit leitete er bereits den Planungsstab des Auswärtigen Amts und entwickelte eine neue Afrikapolitik. Kinkel war nicht charismatisch, aber die meisten, die ihn kennen, sind wie ich überzeugt, dass er ein guter Außenminister war. Genscher wiederum, der spätere Superstar, brachte viele Erfahrungen aus seiner Tätigkeit als Innenminister mit. In den ersten zwei Jahren im Außenamt hat man über ihn viel gewitzelt, etwa weil er keine Fremdsprachen konnte. Na ja. Dann gewöhnte er sich so eine Art Pid-

gin-Englisch an, mit dem ist er schließlich sehr gut durchgekommen.

Hätten Sie sich manchmal mehr Selbstvertrauen gewünscht?
Ja, mir fehlte das Selbstbewusstsein, einer Sache gewachsen zu sein, besonders in Positionen, in denen nie zuvor eine Frau gewesen war. Aber eigentlich hätte ich diesen Komplex eher ablegen sollen, nachdem ich mir und anderen bewiesen hatte, dass ich sehr wohl einen Wahlkampf gewinnen und Ämter ausüben konnte. Nach dem Wahlsieg 1962 hätte ich mir sagen sollen, ich kann mir nun mehr zutrauen, ich werde auch im Parlament unabhängige Vorschläge durchboxen können. Aber dem war noch nicht so, meine Ängste und Zweifel kamen immer wieder. Selbst noch bei meiner Kandidatur zum Amt der Bundespräsidentin. Da tröstete ich mich immer wieder, ich würde ja doch nicht durchkommen, und falls ich es doch schaffen würde, dann könnte ich dieses Amt unmöglich bewältigen. Dabei ist es im Grunde leichter als ein Ministeramt, da viele Pflicht- und Repräsentationsaufgaben damit verbunden sind. Mir kam es aber so vor, als könnte ich dieses höchste politische Amt nicht ausfüllen.

Durch Ihre Gegnerschaft zur CSU haben Sie ja auch Ihre persönliche Position in der FDP gestärkt. Wären Sie in einem Wahlbezirk außerhalb Bayerns ähnlich erfolgreich gewesen?
Das ist eine hypothetische Frage – ich weiß es nicht. Natürlich lag der Hauptschauplatz meines Engagements in Bayern in den Bereichen Schule und Bildung. Aber weil es in den anderen Bundesländern diesbezüglich auch

nicht rosig aussah, hätte ich sicher ein ähnliches Wirkungsfeld gefunden. Zugegebenermaßen war es in Bayern besonders lohnend. Das konfessionelle Apartheitssystem der Schulen, die Lehrerausbildung und die damit verbundene Konfessionalisierung der Personalpolitik zeigten hier ganz extreme Auswüchse. Auch gab es in Bayern in den Jahren, als ich dort tätig war, nur eine einzige staatliche höhere Mädchenschule. Die höhere Mädchenbildung blieb bis weit in die sechziger Jahre hinein eine Angelegenheit der Kirchen und der größeren Städte. Mädchen konnten somit höchstens auf kirchliche Realschulen oder städtische höhere Töchterschulen gehen. Wenn ein Vater wollte, dass seine Tochter ein Humanistisches Gymnasium besuchen sollte, dann musste er vor Gericht gehen und die Erlaubnis einklagen. Deshalb habe ich die Chancenungleichheit der Mädchen zu meinem großen Thema gemacht und es vergingen viele Jahre, bis es gelang, Mädchen gleichberechtigt auch in staatliche Gymnasien aufzunehmen. Die Situation in Bayern war wirklich mittelalterlich. Erst durch die Gleichberechtigung und den Zuwachs an Frauen in höheren Bildungseinrichtungen gelang der Durchbruch. Allein dafür hätten wir zehn neue Universitäten gründen müssen. Doch meist gab es nur dumme Rückzugsgefechte, wie beispielsweise mit den vielen Frauen würden wir nur das akademische Proletariat vermehren. Lachhaft war das. Aber auch in anderen Bundesländern waren Mädchen für die weiterführende Bildung nicht gerade privilegiert.

Fällt es Frauen schwerer, machtpolitisch zu denken und zu handeln?

Ich finde, Frauen vertreten ihre politischen Ziele viel gewissenhafter als Männer. Die Überzeugungen, die sie bekunden, wollen sie auch durchsetzen. Auch sind ihre politischen Anschauungen nicht diametral entgegengesetzt zu ihrer persönlichen Lebensführung. Männer wechseln dagegen ihre Meinungen wie Hemden. Gut, Männer reden gern und oft auch gut, Männer sind auch klug und was weiß ich, aber ob sie sich beim Handeln an ihre eigenen Spielregeln halten, das steht auf einem ganz anderen Blatt.

Was spricht dagegen?
Viele Menschen haben heute große Vorbehalte gegen Politiker. Sie stellen fest, dass diese Herren im Fernsehen gern wortreich fabulieren und hinterher nichts oder wenig davon in die Realität umsetzen. Wir müssen unbedingt dafür sorgen, dass dieses Glaubwürdigkeitsdefizit nicht noch größer wird. Wir müssen zeigen, dass die drei politischen Schritte – Denken, Reden, Handeln – auch tatsächlich durchgehalten werden. Viele Politiker geben bereits nach dem ersten Schritt entnervt auf, andere spätestens nach dem zweiten.

Sollte der nächste Bundespräsident eine Bundespräsidentin sein?
Es wäre an der Zeit. Und ich sehe da auch Möglichkeiten.

Dürfen wir Namen nennen und Sie sagen ja oder nein?
Besser nicht. Im nächsten Jahr ist die Wahl, das ist mir noch zu nebulös. Widmen wir uns lieber einem anderen Thema.

Ich stelle bei meinen historischen Forschungen immer wieder fest, dass das Interesse an nationalsozialistischen

Themen zunimmt, aber auf merkwürdig schrille Art. Die Leute wollen beispielsweise wissen, ob Hitler schwul war. Ich habe ein bisschen Angst davor, dass unsere Verpflichtung der Vergangenheit gegenüber eher den Charakter von Geschichtsfolklore annimmt.
Sie können das auch Geschichtsverfälschung nennen.

Genau. Oder Verflachung. Oder Missbrauch. Aber was können wir machen, um das zu stoppen?
Ich gehe, bevor ich die Frage konkret beantworte, noch einmal zurück zu meiner Geschichte, denn da passierte genau das Gegenteil: Nach 1945 wurde alles tabuisiert. Da wollte niemand mehr über das Thema Nazizeit sprechen. Die einstigen Nazis wurden wieder eingestellt, alle erhielten ihren Persilschein, selbst Leute, die wirklich Dreck am Stecken hatten. Da waren beispielsweise der Rektor und ein Dekan der Münchner Universität, die im Fall der Weißen Rose die Verhaftungswellen angeordnet und damit den ganzen Folgeterror ausgelöst hatten. Nun wurden sie entlastet und das konnte nur geschehen, weil auch ihre Vergangenheit verdrängt wurde. Bis zu den 68er Studentenunruhen konnte man kaum über die Abgründe des Nationalsozialismus Rechenschaft ablegen und diskutieren. Jemand wie Franz Josef Strauß hielt es nicht einmal für notwendig, das ehemalige KZ in Dachau oder eine andere Gedenkstätte zu besuchen. Stattdessen sprach er häufig von einem »Büßergewand«, das wir ablegen oder nicht anziehen sollten. Damit verkündete er auf indirekte Art: Schluss damit! Kommt zu uns, bei uns wird von dieser Zeit und ihren Gräueln nicht gesprochen. In Bayern gab es auch noch bis vor Kurzem kein vom Staat in Auftrag gegebenes Denkmal für Widerstandskämpfer. Einzig die Stadt München hat eine klei-

ne Gedenkstätte errichtet. Auch dauerte es lange, zu lange, bis der Nationalsozialismus in Schulen und Schulbüchern zum Thema wurde.
Nach all diesen Verzögerungen ist es meines Erachtens verständlich, dass nach der langen Zeit des Schweigens die verdrängte Problematik wie ein Damm aufbrach. Und zwar nicht bei den Parteien oder beim Staat, sondern bei engagierten Bürgern. Auf einmal gehörte es zur Political Correctness, sich mit den Verbrechen des Dritten Reichs auseinander zu setzen. Jeder Kirchentag, jede Synode, ungezählte Arbeitsgemeinschaften und Wissenschaftler beschäftigten sich damit. Der einschlägige Büchermarkt boomte. Und jetzt sind wir in der Bredouille, dass der Boom ausläuft.
Und jetzt komme ich zu Ihrer Frage, Tobias, wie gehen wir damit in Zukunft um. Ich bin der Meinung, dass wir versuchen sollten, die Ursprünge einer Diktatur, die wahrscheinlich von vielen Deutschen zunächst gar nicht gewollt wurde, die sie aber dann jedoch mitgetragen und mitvertreten haben – diese Ursprünge in den Vordergrund zu stellen. Wir müssen die Fakten, von denen wir Deutsche angeblich nichts gewusst haben, an die jungen Menschen weitergeben – das ist das Wichtigste. Aber nicht im Sinn Schuldgefühle zu vermitteln, sondern als Verantwortung für die Zukunft. Wir Älteren müssen sagen, welche Fehler wir gemacht haben, wie es begonnen hat und wodurch es gefährlich wurde. Den Jüngeren muss man die Sinne für den Verlust der Rechtsstaatlichkeit und die Zeichen des beginnenden Terrors schärfen und wie man möglichem Missbrauch vorbeugen kann. Dazu braucht man heute nur einmal die so genannten Antiterrorgesetze unter die Lupe zu nehmen. Ich kenne nicht die Details, aber ich höre die Rufe von

Burkhard Hirsch, der warnt: Wenn in Deutschland ein Parteiführer mit einer absoluten Mehrheit an die Macht käme, dann könnte er mit einigen Bestimmungen dieser Sicherheitsgesetze sehr viel Schaden anrichten. Hier gibt es einen Ansatzpunkt, um junge Menschen problembewusst zu machen: Da gab es in den zwanziger und dreißiger Jahren eine Zeit, die fing auch mit Terror an: Mit Straßenschlachten von Rechten und Linken und es gab nicht wenige Tote. Das war auch Terrorismus und nach 1933 gingen dann die Nazis »ganz legal« dazu über, unliebsame Demonstranten und politische Gegner in Lager zu stecken. Auf diese Weise glaube ich, dass man mit der Vermittlung historischer Erfahrungen bei jungen Leuten durchaus ein Bewusstsein für die Verantwortung in heutigen schwierigen Situationen schärfen kann.

Aber sollten wir uns nur mit den negativen Auswüchsen der Vergangenheit auseinander setzen? Ist es nicht auch sinnvoll, sich mit erfreulicheren Daten zu beschäftigen, beispielsweise 1848?
Ich sehe das genauso wie Sie. Wir sollten aus unserer Geschichte, aus ihren Irrtümern und Erfolgen lernen und nicht nur beim Dritten Reich hängen bleiben. Ebenso wichtig ist es, die Hoffnungen und Chancen der Weimarer Republik zu verstehen und der Frage nachzugehen, warum diese nicht wahrgenommen wurden, warum unsere erste Republik scheiterte. Und auch die Revolution 1848 ist hoch spannend. Da können wir viel über romantische Ideen und realistische Einschätzungen lernen, über neue Lebensversuche und die Übermacht von restaurativen Gegenmächten. Eigentlich sollte all das auch zum Thema an Schulen gemacht werden: »Wie

stand und wie steht es um die Freiheits- und Demokratieentwicklung in Deutschland.«

Die erste Generation nach 1945 wollte sich nicht mit dem Holocaust auseinander setzen. Die zweite hat das dann ihren Eltern vorgeworfen. Und die dritte Generation, unsere Generation, sagt sehr oft: Lasst uns doch mit dem Thema in Ruhe, wir hatten damit nichts zu tun, wir können überhaupt nichts dafür und wir haben es satt, in der Schule, an der Uni, überall vorgehalten zu bekommen, wie wichtig das ist. Gibt es denn überhaupt einen Weg, wie man mit dem Thema einfach normal umgehen kann? Also, ohne dass daraus gleich ein geschichtliches Ereignistief wird, mit den ewigen Schuldgefühlen? Ich sehe diesen Weg nämlich nicht. Ich als Jüdin merke immer wieder, wie sich dadurch mein Verhältnis zu jungen Deutschen extrem emotionalisiert. Keiner weiß so richtig, wie er mit diesen seltsamen Situationen umgehen soll.

Ja, das ist schlimm, aber ich habe solche Gespräche noch nicht erlebt.

Werden Sie Ihrer Enkelin all Ihre Erfahrungen erzählen wollen?

Mit Sicherheit. Aber Lea ist noch so klein.

Wie alt ist sie jetzt?

Gerade ein Jahr.

Und aufschreiben?

Wichtig wäre mir, noch eine Nachbetrachtung zu meinem Leben anzustellen. Aber dazu müsste mein Kopf wieder völlig in Ordnung sein. Vor einigen Wochen bin

ich von einem Radfahrer angefahren worden. Gehirnerschütterung und Platzwunde. Ich habe mich bis heute noch nicht ganz davon erholt. Aber vielleicht komme ich doch noch einmal zum Schreiben.
Vor sechs Jahren ist ja meine Lebensbilanz »Freiheit ist mehr als ein Wort« als Buch erschienen. Heute würde ich gerne noch mal präziser meine Auseinandersetzungen und Schwierigkeiten in der Politik offen legen und analysieren. Vielleicht nicht zur Veröffentlichung. Aber ich würde versuchen wollen, die Ausgrenzungen und Beschwichtigungen ohne Beschönigungen darzustellen. Auch könnte ich noch einmal überdenken, ob ich den Konflikt zwischen Familie und Beruf möglicherweise doch heruntergespielt habe. Aber was soll's und wen würde es interessieren??

Hätten Sie das mit den Kindern heute anders gemacht?
Das weiß ich nicht.

Diese Antwort kam mir zu schnell.
Im Moment weiß ich es wirklich nicht. Mein Leben ist im Rückblick wie ein Baumstamm. Jedes Jahr legt sich ein neuer Ring über die alten. Den allerletzten werde ich selbst wohl kaum mitbekommen, aber ich möchte doch noch versuchen, alle vorausgegangenen zu begreifen. Ob mir das gelingen wird, ist fraglich. Wahrscheinlich bräuchte ich ein längeres Leben dazu.

An Konsequenz und Beharrlichkeit hat es Ihnen ja nie gemangelt. Werden Sie jetzt über Kompromisse und Zugeständnisse reflektieren?
Siehe meine vorherige Antwort.

Würden Sie selbst eine neue Partei gründen wollen?
Eine demokratiepolitisch engagierte Bürgerbewegung wäre mir wichtiger.

In Schweden gibt es eine Demokratieministerin. Halten Sie ein solches Amt für sinnvoll?
Unbedingt. Die Schweden widmen den Herausforderungen und Schwächen ihrer Demokratie große Aufmerksamkeit. Selbst in diesem Land – eine Art Vorzeigestaat in Sachen Demokratie – laufen die demokratischen Prinzipien und Ideale nicht mehr richtig. Das haben einzelne Politiker bemerkt und deshalb im Parlament angeregt, temporäre Kommissionen einzurichten, die Vorschläge zur Verbesserung von demokratischen Reformen ausarbeiten sollten. Sie wurden dann auch eingerichtet und hatten den Auftrag, sämtliche Ideen und Konzepte zu überprüfen, ohne Rücksicht auf eventuelle Verletzungen von Privilegien. Allen war klar, dass ihre Demokratie mehr Input brauchen würde. Schließlich kamen so viele Erneuerungsvorschläge auf den Tisch, dass sie nicht mehr von einer kleinen Behörde zu bewältigen waren. Aus diesem Grund nahm man eine Politikerin aus dem Justizministerium und machte sie zur Demokratieministerin. Diese Ministerin fördert die diversen und für alle Bürger einsehbaren Stellungnahmen und achtet darauf, dass das, was im Parlament beschlossen wurde, auch tatsächlich im Land umgesetzt wird. Leider konnte ich nie selbst nach Schweden fahren, um mir dieses System genauer anzuschauen. Ich denke, seine Schwäche liegt am amtlichen Anstrich der Kommissionen.

Mehr Demokratie ist für Sie eine Chance, Diktaturen abzuwenden?

Man könnte auch die große Krise abwarten, von der ich heute Vormittag sprach. »Verfassungspatriotismus« als gemeinsame Grundüberzeugung ist zwar ein seltsames Wort. Aktivierung der Verfassung, Demokratie als Lebensform, das wäre sicher ein besserer Ausdruck. Mit Hilfe des Grundgesetzes wäre eine Menge Erneuerung möglich. Da steht beispielsweise in dem Artikel 20 unübersehbar, dass »alle Staatsgewalt vom Volke ausgeht«. Die Ausübung selbst soll mittels Wahlen und Abstimmungen stattfinden. Nun wurden aber »Abstimmungen« auf Veränderungen der Ländergrenzen reduziert. Doch man könnte auch schon beim Artikel 20 des Grundgesetzes ansetzen und überlegen, wie »Abstimmungen« neu interpretiert werden könnten.

Oder der Artikel 21 im Grundgesetz. Da heißt es, dass die Parteien bei der politischen Willensbildung des Volkes mitwirken sollen. In diesem Fall muss man fragen, wo die Grenzen für die Macht der Parteien gesetzt werden sollten. Müssen, dürfen sie überhaupt Posten, beispielsweise in der Justiz oder in den Medien, parteipolitisch besetzen? Es wäre wichtig, zu kontrollieren, wie weit die Macht der Parteien bei Personalentscheidungen gehen soll.

Prüfen wir auch den Artikel 17 des Grundgesetzes, in dem es um das *Petitionsrecht* geht. Jeder Bürger hat das Recht, so ist nachzulesen, sich »mit Eingaben und Beschwerden« an das Parlament zu wenden. Dabei übt der zuständige Ausschuss in der Praxis ein überwiegend bürokratisches Verfahren aus. Vielfach werden auch einfach Stellungnahmen der Exekutive übernommen. Damit wird die Trennung von Exekutive und Legislative vermischt. Dabei wäre das Petitionsrecht unser wichtigstes Bürgermitsprache- und Kontrollrecht. Und dieses könnten wir schon morgen aufwerten, wenn beispielsweise Petitionen mit so und so viel Unterschriften – sagen wir fünftausend – nicht einfach unter den Teppich gekehrt werden dürfen, sondern im Ausschuss verhandelt werden müssen, auch durch Beteiligung der Petenten. Wird die Petition abgelehnt, so könnten anschließend noch mehr Unterschriften gesammelt werden – etwa dreißigtausend – und daraus würde eine Volksinitiative entstehen, die wie ein Gesetzgebungsverfahren verhandelt werden muss. Wir vergessen viel zu oft, dass wir bereits eine Menge Mitwirkungsmöglichkeiten haben, die nur aufgewertet und gestärkt werden müssten.

Sind die jungen Leute aus unserer Generation, die in Seattle, Genua und Prag auf die Straße gegangen sind, vielleicht die hoffnungsvollere Gruppe, auf die wir uns konzentrieren sollten?
Das wird ohnehin passieren. Bei den Aktivitäten der Globalisierungsgegner irritiert mich nur, dass sie zwar heilsame Unruhe in unsere Demokratien bringen, die auch notwendig ist, dass sie aber zu wenig konstruktive Vorschläge machen. Ich weiß nie so recht, wie sich die Globalisierungsgegner die Gesellschaft ihrer Zukunft vorstellen. Sicher, es gab einige gute Ansätze, beispielsweise das Sozialforum in Porto Alegre. Aber im Grunde wollen die meisten mit einem Schlag gleich die ganze Welt verbessern, statt damit im eigenen Land oder im eigenen Haus anzufangen. Hier erkenne ich eine große Diskrepanz. Was nützt uns Krawall, was nützt uns Gleichgültigkeit, beides hilft unseren Demokratien nicht weiter.

Ich würde da gerne ein Zitat einwerfen, das vielleicht das Generationenproblem auf den Punkt bringt. Rudolf Augstein hat in einem Gespräch mit Joachim Fest einmal den Satz gesagt: »Die Generation nach uns wird sich mit der Inhaltsleere herumschlagen müssen und am Ende an der Langeweile zugrunde gehen.«

Die heutige Generation hat weder die großen Helden noch die großen Bösewichter der Geschichte erlebt, weder Luther noch Hitler. Dennoch ist Geschichte, also Vergangenheit etwas, das uns alle begleitet. Somit finde ich die Diagnose »Tod durch Inhaltsleere und Langeweile« zu pessimistisch. So düster sollten wir die Welt nicht betrachten. Augsteins Worte sind ähnlich zu bewerten wie das Gerede über Politik- oder Politikerverdrossenheit. Damit verschanzt man sich hinter der eigenen Bequemlichkeit oder Überheblichkeit und verbleibt in der Zuschauermentalität: Mal pfeift man und mal applaudiert man, aber man wird nicht aktiv. Ich besuche sehr oft Schulen und in den Gesprächen mit den Schülern stelle ich immer wieder fest, dass sie durchaus bereit sind, sich politisch einzumischen.

Wir leben in einer Wohlstandsgesellschaft. Vielleicht fehlt uns doch Ihre Erfahrung?

Ich bin aufgrund meiner Erfahrungen viel zu sehr Einzelkämpferin geworden, die zwischen den Stühlen nicht sitzt, sondern kämpft. Dennoch wünsche ich mir, dass sich immer ein paar Leute zusammenfinden, die sich gemeinsame Ziele setzen. Aus den Ich-AGs sollten Wir-AGs werden. Diese Hoffnung gebe ich nicht auf.

Mir ist aber immer noch nicht klar, was passieren soll, damit unsere Generation sich nicht in eine Politikver-

drossenheit flüchtet oder in dieser Inhaltsleere verschwindet?

Junge Leute könnten sich vielleicht überlegen, eine Art Konferenz ins Leben zu rufen, auf der demokratiepolitische Ziele abgesteckt werden, beispielsweise wie dem Parteienstaat Grenzen gesetzt und die eigene Mitsprache gestärkt werden könnten. Sie schütteln den Kopf?

Bei diesen Konferenzen nehmen doch immer nur die gleichen Leute teil, die sowieso schon Interesse an Politik haben.

Wir können nicht warten, bis alle mitmachen. Einer oder einige wenige müssen den Anfang machen! Als Beispiel möchte ich an die Studenten der Weißen Rose erinnern. Diejenigen, die zum engsten Kreis dieser Gruppe zählten und die Flugblätter geschrieben haben, waren im Grunde Einzelkämpfer. Viele Mitstudenten haben ihre Aussagen gar nicht verstanden. Sie waren sogar irgendwie abgehoben. Selbst noch lange nach 1945 spielte das Vermächtnis der Weißen Rose bei jungen Menschen noch keine Rolle. Erst als Schulen nach den Wortführern benannt wurden und Zeitzeugen von den Ereignissen berichteten, erst als Gedächtnisvorlesungen und Vorträge über die Weiße Rose gehalten wurden und Filme ausgestrahlt und Bücher veröffentlicht wurden, da wurde über ihren Opfertod nachgedacht. Und gefragt: Was stand eigentlich in den Flugblättern? Zum ersten Mal verstanden mehr junge Menschen, was es bedeutet, unter einer menschenverachtenden Diktatur Widerstand zu leisten. Auf einmal trugen diese Flugblätter bei einer wachsenden Zahl junger Menschen zur Entwicklung eines politischen Bewusstseins bei – nach vielen Jahrzehnten des Unverständnisses. Besonders war es der wundervolle Satz aus dem fünften Flugblatt: »Zerreißt den Mantel der Gleichgültigkeit. Entscheidet euch, ehe es zu spät ist!«, der auch in der heutigen Zeit und Welt Gültigkeit hat.

Aber ist dieser Satz nicht eher ein Plädoyer fürs Engagement? Die Inhalte kommen da für mich zu kurz.
Ja, es ist richtig: Der Widerstand wird zwar als Leistung gefeiert, aber die Inhalte sind tatsächlich verloren gegangen. Vielleicht waren sie nie wirklich präsent. Das stimmt mich oft traurig.

Es wird immer Fragen geben, die so stark sind, dass man sich entscheiden muss. Die Frage nach der Diktatur ist so eine, die Entscheidung der damaligen DDR-Bürger, ob sie zum Westen gehören oder ein eigener Staat bleiben wollten, eine andere. Und die Frage nach Krieg oder Frieden ist eine der stärksten. Wie ist Ihre Haltung zur aktuellen Frage nach einem Krieg?
In einem weisen Satz des Grundgesetzes steht, dass Angriffskriege verboten sind. Im Fall des Irak wäre es ein Angriffskrieg, an dem wir uns in keiner Weise beteiligen dürfen. Auf der anderen Seite ist da die Loyalität zu den Vereinigten Staaten. Wir haben den Amerikanern unendlich viel zu verdanken. Das ist so. Unsere Freiheit, unsere Demokratie, all die materielle Hilfe nach dem Zweiten Weltkrieg und den Schutz vor dem Vordringen des Kommunismus. Zu guter Letzt waren sie auch die Einzigen, die die Wiedervereinigung wirklich gewollt haben. Aber aus Verpflichtung zum Dank darf als Konsequenz kein Vasallentum folgen. Um frei zu bleiben, muss man manchmal auch Nein sagen und unter Umständen auch wechselseitige Beschuldigungen und Anfeindungen durchstehen. Kanzler Schröder hat im Fall Irak zuerst einen überheb-

lichen und wahlkampforientierten antiamerikanischen Ton angeschlagen. Das hat ihn im Wahlkampf gerettet, aber hat im deutsch-amerikanischen Verhältnis zu viel Porzellan und Vertrauen zerschlagen. Auch die kleinen Gesten, wie etwa dass amerikanische Einrichtungen in Deutschland von Deutschen bewacht werden, können da nicht viel kitten. Wenn ich noch im Auswärtigen Amt gewesen wäre, hätte ich es als große Aufgabe angesehen, umgehend »neues Vertrauen aufbauende Projekte« auf den Weg zu bringen, so wie Anfang der achtziger Jahre anlässlich des Streits um die so genannte Nachrüstung geschehen. Für eine weltweite friedliche Zukunft wäre es wichtig, gewachsenes Vertrauen nicht neuerlich aufs Spiel zu setzen.

Geht das so einfach?

Bestimmt nicht. Aber Saddam Hussein kann man nicht mit Hitler vergleichen. Auch möchte ich bezweifeln, dass es erlaubt ist, immer wieder solche historischen Bezüge herzustellen. Natürlich ist Saddam ein grausamer und gefährlicher Diktator, der rücksichtslos alle Mittel der Waffentechnik einsetzen würde, wenn man ihm nicht das Handwerk legt. Aber ohne Krieg! Meine Kriegsangst bezieht sich vor allem auf den Flächenbrand, der durch einen Angriff auf den Irak entstehen könnte. Sicher: Man hätte viel Schreckliches verhindern können, wenn man ab 1935 die Aufrüstung und den Einmarsch der deutschen Reichswehr ins Rheinland gestoppt hätte. Fraglich ist und bleibt jedoch, ob dies auch das Ende von Hitler bedeutet hätte, ob all das Schreckliche, das folgte, dadurch nicht geschehen wäre. Die Geschichte hält leider keine einfachen Hypothesen bereit. Dennoch sollte uns zum Beispiel die fatale Rolle, die Chamberlain vor dem Ausbruch des Zweiten Weltkriegs gespielt hat, zumindest eine Warnung sein. Das Münchner Abkommen von 1938 war in meinen Augen verhängnisvoll. Frankreich und Großbritannien gaben damals eine Garantieerklärung für einen verkleinerten tschechoslowakischen Staat ab und hofften, mit diesem Zugeständnis Hitler zu befrieden. Sie gaben zum x-ten Mal nach. Und als der britische Premierminister Chamberlain dann nach London zurückkehrte, meinte er, den Frieden in seiner Zeit gerettet zu haben. Sein Ruf »Peace in our time« erwies sich als schrecklicher Irrtum. Also, wer entscheidet über den richtigen Zeitpunkt, ob und wann einem Diktator Paroli geboten werden muss?

Ist dieser Krieg nicht gerecht, weil es doch auch um den Kampf gegen den Terrorismus geht?

Ich meine, die Auseinandersetzung mit Saddam Hussein hat damit nicht viel zu tun. Bislang ist überhaupt nicht klar, welche Rolle der Irak in diesem Zusammenhang spielt. Es ist nicht offensichtlich, dass das Land zwischen Euphrat und Tigris als eine terroristische Zentrale bezeichnet werden kann. Entscheidend ist, zu verhindern, dass Diktatoren die Welt mit atomaren, chemischen oder biologischen Waffen erpressen. Wenn diese Potentaten nicht freiwillig bereit sind, ihre Vernichtungswaffen zu zerstören, dann muss die Weltgemeinschaft etwas dagegen tun. Aber muss es Krieg sein? Heute – im Januar 2003 – kennen wir das Ende noch nicht, eine friedliche Lösung ist immer noch möglich.

Wäre es nicht toll, wenn sich endlich jemand fände, der die Demokratie global durchsetzen würde, in China, im Iran und sonst wo?

Unsere Demokratie ist ein Modell, das in vielen Regionen und Kulturen der Welt noch nicht praktikabel ist. Man kann und darf nicht mit Gewalt den gesamten Globus mit unseren Errungenschaften beglücken wollen. Seitdem ich Staatsministerin im Auswärtigen Amt war und asiatische Kulturen und Religionen kennen gelernt habe, bin ich überzeugt, dass es falsch wäre, diese mit der Demokratie unserer Machart zu missionieren. Christliche Religionen, Demokratie, fast alle westlichen Errungenschaften sind im Nahen und Fernen Osten derzeit noch allzu fremd. Es steht uns auch schlichtweg nicht zu, in andere gesellschaftliche Entwicklungen einzugreifen. Abgesehen davon sind viele noch so gut gemeinte Entwicklungsbemühungen von vorneherein auf Sand gebaut, weil sie aus unterschiedlichsten Gründen einfach nicht funktionieren. Wir sollten aber versuchen, gemeinsam ein Minimum an Regeln zu finden, wie wir uns – trotz aller Unterschiede – den Umgang mit Menschen vorstellen. Wir sollten in Übereinstimmung aller die Grenzen definieren: bis hierher und nicht weiter. Das mag heute noch utopisch klingen, wäre aber eine konkrete globale Zielsetzung. Dafür würde ich demonstrieren.

Sie haben ein Jahr in Amerika gelebt, haben amerikanische Freunde. Was empfanden Sie, als gesagt wurde, »Germany is a problem«?
Unter Problemen verstehe ich etwas anderes. Natürlich ärgert mich die Überheblichkeit des Weißen Hauses. Die Vorstellungen, die einige amerikanische Politiker von Europa haben, sind fraglos reichlich primitiv. Man sollte sich nicht ernstlich darüber empören. Aber Bush halte ich derzeit für gefährlich, weil er weder Vernunft noch Augenmaß erkennen lässt.

Sind Sie Pazifistin? Heiner Geißler hat dieses Wort einmal in einer Debatte als Schimpfwort benutzt. Er war der Ansicht, die Pazifisten hätten die Lager von Auschwitz erst ermöglicht.

Nein. Ich verschließe vor der Tatsache, dass sich manche Probleme leider nur mit Gewalt lösen lassen, nicht die Augen. Aber im Zweifel war und bin ich immer dafür, es so lange wie möglich auf friedlichem Wege zu versuchen. Der Geißler der siebziger und achtziger Jahre war für mich ein gefährlicher Scharfmacher. Ich muss das so radikal sagen. Lesen Sie mal nach, was er 1982 nach meiner Rede zum Misstrauensvotum gegen Helmut Schmidt alles gesagt hat. Er war es, der tobte, ich sei eine Verfassungsbeschädigerin und ich sollte mich sofort und auf der Stelle dafür entschuldigen. Es sei unerhört, dass ich als FDP-Abgeordnete gegen dieses Misstrauensvotum sei und meine Begründung noch viel mehr. Dabei hatte ich nur folgende Sätze gesagt: »Ich kann dem Bundeskanzler nicht mein Misstrauen aussprechen, weil ich ihm erst vor wenigen Monaten das Vertrauen ausgesprochen habe. Ich finde, dass beide dies nicht verdient haben. Helmut Schmidt ohne Wählervotum gestürzt zu werden, und Sie, Helmut Kohl, ohne Wählervotum zur Kanzlerschaft zu gelangen. Diese beiden Vorgänge haben nach meinem Empfinden das Odium des verletzten demokratischen Anstands. Sie beschädigen die moralisch-sittliche Integrität von Machtwechseln.« – Mein Mann saß oben auf der Tribüne und gab mir ein Zeichen, dass ich über Geißlers Angriffen stehen sollte. Seinem Fauxpas folgten weitere in seiner Ministerzeit. Die Auschwitz-Kontroverse war nur einer davon.

Heute gilt Geißler als linksliberal. Wie kam es zu diesem Sinneswandel?
Ich weiß es nicht.

Ist es richtig, dass selbst Helmut Kohl manchmal kein einziges Wort mit ihm gewechselt hat?
Das weiß ich auch nicht. Er hat aber häufig Kollegen, die ihn ärgerten, nicht mehr zur Kenntnis genommen, nicht mal mehr mit routinemäßigen Glückwünschen zu runden Geburtstagen. »Majestätsbeleidigung« wurde abgestraft. Herrisch war auch sein Gebaren am Tag der Bundespräsidentenwahl. Da saßen wir Delegierten im noch nicht umgebauten Reichstag, ich in der ersten Reihe neben dem FDP-Vorsitzenden Klaus Kinkel, daneben die CDU-Formation mit Roman Herzog und auf der anderen Seite saßen Rau und die SPD. Nach dem ersten Wahlgang marschierte Kohl dann von seinem Platz zu uns rüber und grußlos an mir vorbei. Er winkte Kinkel herrisch zu, aufzustehen und mit ihm hinauszugehen. Kohl schaffte es, Kinkel unter Druck zu setzen und die Fraktion beschloss dann, allerdings nur mit schwacher Mehrheit, dass ich im dritten Wahlgang nicht mehr kandidieren sollte. Kohl bedachte mich, die offizielle FDP-Kandidatin, nicht einmal mit einem Nicken, so kleinkariert war er.

Wie würden Sie Kohls Charakter beschreiben?
Nachtragend und mittelmäßig. Meine Rede gegen das Misstrauensvotum am 2. Oktober 1982 hat er mir nie verziehen. Im Grunde genommen ein Armutszeugnis, denn die Rede war, obgleich in der Sache hart und klar, im demokratischen Rahmen sehr fair gewesen. Später griff ich Kohl auch ein paar Mal an, nachdem er Kanzler geworden war. Meiner Meinung nach tat er damals

zu wenig gegen den hierzulande aufkommenden Antisemitismus. Daraufhin habe ich – weil meine Fraktion nicht mitmachen wollte – zum ersten und einzigen Mal im Deutschen Bundestag interfraktionell Unterschriften für eine aktuelle Stunde über Antisemitismus in Deutschland gesammelt. Immerhin bekam ich über fünfzig Unterschriften zusammen, sodass die aktuelle Stunde angesetzt werden musste. Da in einer solchen aktuellen Stunde jeder Abgeordnete nur fünf Minuten Redezeit hat, Regierungsmitglieder hingegen unbegrenzt, sprach der Kanzler für die CDU. Er regte sich darüber auf, wie man überhaupt auf die Idee kommen könnte, dass es in Deutschland Antisemitismus geben würde. Dabei wurde der Antisemitismus damals offener betrieben als heute. Sein Ausspruch von »der Gnade der späten Geburt« hatte ihn ins Zwielicht gebracht, aber er bemühte sich dann um ein besseres Verhältnis zu den Juden.

Wie konnte Kohl bei dieser emotionalen Unreife so weit kommen? Oder ist diese gerade eine Voraussetzung für Erfolg in der Politik?
Es ist nicht nur Unreife, sondern auch sein autokratisches Selbstverständnis: Wer mich einmal kritisiert hat, den gibt's für mich nicht mehr. So behandelte er auch mich.

Was für ein Gefühl löst ein solches Benehmen bei Ihnen aus? Sind Sie wütend, enttäuscht, vielleicht auch stolz?
Ich konnte damit bislang gut überleben, obgleich es mich auch getroffen hat.

Fühlen Sie sich wohl in der Rolle als Rebellin?
Eigentlich bin ich lieber friedlich und umgänglich.

Stimmt das wirklich?
Das ist ernst gemeint. Ich bin nicht eine, die gern dauernd im Clinch mit anderen liegt. Ich weiß, oft genug habe ich das Ärgernis selbst verschuldet. Ich war wohl oft auch zu rigoros. Schließlich wuchs aber der Wunsch, noch einen Lebensabschnitt zu genießen, der frei ist von ständigen politischen Auseinandersetzungen.

Schießt man sich dadurch nicht auch ins Aus?
Man wird zur Einzelkämpferin.

Und kann weniger in der Politik erreichen?
Intern galt ich oft als »nicht integrabel« und damit ist natürlich ein Stück Einflussverlust verbunden. Ich habe das deutlich in der Fraktion vor allem nach 1982 zu spüren bekommen. Und es kam auch als Einwand gegen meine Kandidatur zum Amt des Bundespräsidenten wieder hoch.

Wenn man merkt, dass man sich durch seine Haltung isoliert, kommt man dann nicht irgendwann an einen Punkt, wo man zu Kompromissen bereit ist?
Natürlich war ich oft zu Kompromissen bereit, aber nicht, wenn es um grundsätzliche Überzeugungen ging.

Nach 1982 waren Sie aber eine völlige Außenseiterin. Hätten Sie nicht stärker das politische Leben im Bundestag beeinflussen können, wenn Sie vorher konzilianter gewesen wären?
Genscher hat mir das auch immer wieder gesagt und versucht, mich wieder zu integrieren. Zum Beispiel, indem er mir das Amt einer Koordinatorin für deutsch-amerikanische Beziehungen, das ich bis zum Regie-

rungswechsel zusätzlich innehatte, wieder antrug. Ich lehnte jedoch ab und der damals in Washington amtierende Botschafter Berndt von Staden übernahm dann diese wichtige Aufgabe. Anschließend bekam ich immer mal wieder Ämter angeboten, beispielsweise den Posten als Bundestagsvizepräsidentin. Dazu wäre ich auch bereit gewesen. Aber es gab dafür in der Fraktion keine Mehrheit.

Weshalb?
Der Parteispendenskandal kam 1983 dazwischen. Wir wollten eine Amnestie für unsere »Sünder« mit Hilfe der CDU/CSU durchsetzen. Mit einem in einem neuen Steuergesetz schamhaft versteckten Paragrafen sollte eine Amnestie für Spender, Spendenvermittler und Spendenempfänger möglichst ohne öffentliches Aufsehen verabschiedet werden.

Die Wende kam zustande, um diese Amnestie durchzubringen? Nicht etwa aus wirtschaftspolitischen Gründen?
Die ökonomischen Probleme waren nur der Aufhänger. Tatsächlich waren die wirtschaftlichen Verhältnisse damals schlecht und tatsächlich hatte Bundeskanzler Schmidt viel Ärger in seiner Partei wegen des Nato-Doppelbeschlusses, aber das alles hätte allein noch kein Misstrauensvotum gegen die eigene Regierung, der wir ja seit dreizehn Jahren angehörten, gerechtfertigt. Eine Koalition zerbricht nicht, nur weil sie ein paar Millionen Mark mehr Schulden machen muss. Das sind »Peanuts«, wenn man bedenkt, dass heute Milliardenschulden gemacht werden, ohne dass deswegen eine Koalition platzen würde. Das Ende der sozial-liberalen Koalition,

die fast dreizehn Jahre gehalten und vor allem außenpolitisch große Leistungen vollbracht hatte, war wirklich unrühmlich. Kohl hatte Genscher wohl zu verstehen gegeben, dass er die Amnestie, von der ja auch die CDU profitieren würde, schon regeln werde.

Ist es nicht das Schlimmste, was man Politikern vorwerfen kann, nämlich aus eigenen Partikularinteressen, um einer Strafverfolgung zu entgehen, das gesamte System zu gefährden?

Frau Maischberger, Sie werden Kohls Versprechen wohl nie mit Dokumenten belegen können. Nirgendwo ist niedergelegt: Wenn ihr die Wende mit inszeniert, dann bekommt ihr die Amnestie. Ich habe meine These, von der ich weiß, dass sie stimmt, auch bereits in meiner »Lebensbilanz« vertreten. Niemand hat mich bislang davon überzeugt, dass sie nicht zutrifft.

Lässt sich das wirklich nicht belegen? Es gibt doch heute so etwas wie einen »Lügenausschuss«.

Bismarck hat einmal das Bonmot geprägt: »Es wird nie so viel gelogen wie nach einer Jagd, während eines Krieges und vor einer Wahl.« Ich kann mich dieser Ansicht nur anschließen. Noch nie wurde nach einem Wahlkampf verlangt, dass die Politiker für wackelige oder unrichtige Prognosen zur Rechenschaft gezogen werden. Der so genannte »Lügenausschuss« ist nichts anderes als eine Schau und eine Fortsetzung eines ohnehin von A bis Z degoutanten Wahlkampfes.

Aber dann ist ein solcher Lügenausschuss eigentlich ein Missbrauch von Steuergeldern?

Zwar kostet ein derartiger Untersuchungsausschuss

nicht besonders viel, außer Zeit und Papier. Aber er kostet Ansehen eines ohnehin nicht besonders angesehenen Parlaments. Und das müsste den Parteien zu kostspielig sein.

Verehren Sie Helmut Schmidt?

Er ist ein sehr kluger Mann, faszinierend in seiner Direktheit und seinem herben Charme. Als frisch gebackene Staatsministerin im Auswärtigen Amt bin ich mit Schmidt anfangs gelegentlich aneinander geraten. Da Genscher viel auf Reisen war, saß ich im Kabinett neben ihm auf dem Platz des stellvertretenden Bundeskanzlers. Immer wenn ihm außenpolitisch etwas nicht passte, bekam ich es zu hören, und obwohl ich mich auf Kabinettssitzungen bestens vorbereitete, kam es immer mal wieder vor, dass ich nicht kontern konnte. Als er einmal seinem Unmut Luft machte und mich anblaffte: »Sagen Sie das dem Genscher«, bat ich bescheiden: »Dann sagen Sie es ihm doch selbst!« Offenbar imponierte ihm das. Wir verstanden uns hinfort bestens und er unterstützte meine Arbeit. So weihte er beispielsweise neu eröffnete Goethe-Institute im Ausland ein. Auch setzte er beim Finanzminister mehr Geld für auswärtige Kulturbeziehungen durch. Was Genscher über solche Aktivitäten dachte, focht Schmidt nicht an. Er fand es auch völlig in Ordnung, wenn ich mich als Staatsministerin für Kulturbeziehungen engagierte. Als ich den Vorschlag machte, Schülern an deutschen Schulen im Ausland dieselben demokratischen Rechte einzuräumen wie an den hiesigen, da unterstützte er mein Anliegen. Wenn man ihm einen Brief schrieb, bekam man innerhalb von achtundvierzig Stunden eine Antwort. Ich arbeitete mit ihm also sehr gut zusammen. Schon deshalb war ich auch nicht bereit, das von der FDP-Führung inszenierte Misstrauensvotum mitzumachen.

Helmut Schmidt war also ein guter Bundeskanzler?
Er war ein hervorragender Kanzler und Staatsmann. Konrad Adenauer war das für seine Zeit auch. Als ich von 1969 bis 1972 Staatssekretärin im Wissenschaftsministerium war, habe ich auch zwei Jahre lang Willy Brandt als Kanzler erlebt. Er war ein vergleichsweise schwacher Kanzler. So erinnere ich mich an die erste Kabinettssitzung nach seinem berühmten Kniefall in Warschau. Die Stimmung im Kabinett war schlecht. Die Minister Schmidt, Schiller und Möller bekamen sich in die Haare. Brandt hingegen sagte kein Wort. Er saß einfach nur da und schien immer tiefer in seinen Kanzlerstuhl zu sinken. Schließlich meinte er müde: »Später wird man einmal sagen, dass das Kabinett nicht in der Lage gewesen sei, am Tag nach meiner Rückkehr aus Warschau auch nur ein einziges anerkennendes Wort über die dortigen historischen Ereignisse zu verlieren.« Betretenes Schweigen. Willy Brandt war für mich ein großer Visionär und Demokrat, aber als Bundeskanzler würde ich ihm – abgesehen von seiner Ostpolitik – kein Denkmal setzen. Sicher, er kündigte viele Reformen an, auch in der Bildungspolitik, aber ihm fehlte die Durchsetzungskraft, vielleicht auch das sachkundige Interesse fürs Bretterbohren. Von Schmidt wird immer gesagt, er sei nur ein »Macher«, für Inhalte würde er sich nicht interessieren. Das trifft nicht zu. Seine Detailkenntnisse waren immens und ich halte ihn für einen der besten Kanzler, die wir je hatten.

Welche fünf Eigenschaften machen einen guten Politiker aus?
Kompetenz halte ich für ganz entscheidend. Schmidt arbeitete stets sämtliche Kabinettsvorlagen genauestens durch und wusste über alles Bescheid. So konnte er die Kollegen im Kabinett auch immer testen, außer Hans-Jochen Vogel, der auch immer bestens vorbereitet war.

Zumindest hatte er mehr Klarsichthüllen.
Die zweite Eigenschaft ist Zuverlässigkeit. Man sollte sich auf das Wort des Politikers verlassen können. Daran mangelt es den meisten. Man muss als Politiker auch Stehvermögen haben, also belastbar sein. Das würde ich als dritte Eigenschaft sehen. Und als vierte: Humor. Das wäre herrlich. Wir Deutsche sind infolge unseres Bierernstes kaum noch zu entkrampfen. Das ist eindeutig ein Manko.

Und die fünfte?
Mut ist natürlich ganz wichtig und Zivilcourage, denn Feiglinge und Leisetreter gibt es zuhauf. Eigentlich hätte ich diese Tugend zuerst nennen müssen.

Gibt es heute in Deutschland Politiker, die diese fünf Eigenschaften besitzen?
Richard von Weizsäcker war schon sehr gut.

Mich interessieren mehr die aktiven Politiker.
Also gut, dann gehen wir die mal durch. Schröder hat mit Sicherheit drei dieser Eigenschaften.

Welche zwei fehlen ihm denn?
Das möchte ich nun wirklich nicht beantworten.

Wie ist es mit Joschka Fischer, dem beliebtesten Politiker in Deutschland?
Kompetenz hat er sich angeeignet. Zuverlässig ist er, auch in seiner Offenheit gegenüber den Grünen. Humor sehe ich ebenfalls, wenigstens seitdem er wieder dünner ist.

Nee, als er dick war, hatte er davon mehr. Und wie steht es um Otto Schily?
Der hat ganz sicher einige dieser Eigenschaften. Ich kenne ihn aber nicht sehr genau.

Sollen wir mal in der FDP suchen? Rainer Brüderle zum Beispiel?
Ach, nö. Der ist nett, aber nicht besonders hervorragend.

Wer sollte Ihrer Meinung nach Parteivorsitzender der FDP sein? Frau Leutheusser-Schnarrenberger?
Ob sie aber noch ausreichend belastbar ist? Sie wäre eine Frau, die das machen könnte. Als Politikerin schätze ich sie sehr.

Aber?
Sie meldete sich beispielsweise auch bei der Möllemann-Affäre zu wenig zu Wort.

Generalsekretärin Cornelia Pieper?
Nein, jetzt reicht es mit meinen Begutachtungen.

Haben Sie Probleme mit ihr?
Weder gute noch schlechte Erfahrungen. Vor einiger Zeit nahmen wir beide an einer Fernsehdiskussion bei Phoenix teil. Thema: Möllemann und die FDP. Ich saß nicht

mit in der Runde, sondern wurde von München aus zugeschaltet. Frau Pieper betete nur das nach, was Westerwelle ohnehin besser sagt. Wir haben uns streckenweise richtig angegiftet. Anschließend dachte ich über die politische Eigenständigkeit von Frauen nach.

Bleibt die Frage offen, wer Parteichef der FDP sein sollte?

Vielleicht sollte man sich zu einer Teamlösung entschließen wie bei den Grünen. Dazu gehörte dann auch der ehemalige FDP-Parteichef Wolfgang Gerhardt. Er ist zwar kein Strahlemann wie Westerwelle, aber er ist klug und fleißig und versteht es, politische Linien zu setzen und zu besetzen. Natürlich würde er lieber heute als morgen mit der CDU koalieren, das aber wird mit allergrößter Wahrscheinlichkeit ohnehin passieren. Gerhardt gehört jedenfalls zu jener mittleren Politikergeneration, die sich Anstand und Geschichtsbewusstsein bewahrt hat. Meiner Einschätzung nach könnte er auch dazu beitragen, den Liberalen neue Wählerschichten zu erschließen oder alte zurückzugewinnen. Ende 2000 forderte Möllemann ihn auf, den Parteivorsitz zu Gunsten von Westerwelle aufzugeben. Im Januar 2001 gelang der Coup: Gerhardt trat zurück.

Was aber sind Ihre Talente?

Ich habe ein ganz gutes Köpfchen und hatte früher ein ausgezeichnetes Gedächtnis. Wegen meiner vielfältigen Interessen konnte ich auch immer wieder in neuen Bereichen politisch aktiv werden. Ich hoffe, dass ich keine Nullachtfünfzehn-Politikerin bin. Eines meiner besonderen Merkmale ist meine Freude und meine Neugier am Leben.

War das nicht anstrengend, immer die moralische Instanz zu sein?
Das war nicht so gedacht, aber irgendwie bin ich eben ein fremder Vogel im politischen Urwald. Ich bin aber weder ein Moralapostel noch eine moralische Instanz.

Dann gestehen Sie jetzt einmal eine unmoralische Tat in Ihrem Leben. Wir tun etwas gegen Ihr Image.
Ich habe sicher vielen Menschen Unrecht getan, indem ich sie zu schnell be- beziehungsweise verurteilt habe. Das war und ist menschlich und politisch nicht korrekt.

Ist man als Politiker nicht ständig dieser Versuchung ausgesetzt?
Manche Menschen habe ich auch hängen lassen. Oder ihnen etwas Unwahres erzählt.

Sie sind zum Verzweifeln gut, Frau Hamm-Brücher. In Ihrer Biografie ist kein Fleck zu finden, nicht das kleinste bisschen Fehlverhalten. Selbst andere Lichtgestalten weisen Brüche auf.
Manchmal bekomme ich vor meinem Ruf richtig Angst. Vielleicht habe ich einen Engel, der meine ungewöhnliche Unbefangenheit beschützt. Aber im Ernst, Lob hat mich nie besonders stolz oder überheblich gemacht, selbst meine größten Erfolge sind an mir ziemlich spurlos heruntergelaufen. Was nicht heißt, dass ich mich nicht darüber freuen konnte. Aber bei mir bestand nicht die Gefahr, mich zu überschätzen.

Haben Sie niemals Birnen aus Nachbars Garten geklaut?
Wir sind als Kinder nur über Mülltonnen in fremde Grundstücke geklettert und haben ganz freche Zettel

hinterlassen. Damit wollten wir dokumentieren, ätsch, wir waren hier und niemand hat uns erwischt.

Direkt beängstigend.
Geklaut habe ich manchmal nach dem Krieg, aber das war moralisch in Ordnung, glaube ich wenigstens.

Da fällt es geradezu auf, dass Sie im Krieg Alkohol gebastelt haben?
Für Tauschgeschäfte, das war lebenserhaltend, denn ab 1942 haperte es zunehmend mit der Ernährung. Ich war damals Doktorandin der Chemie und destillierte mit einigen Kommilitonen vergällten Alkohol, den wir für Experimente reichlich zur Verfügung gestellt bekamen, zur trinkbaren Essenz. Außerdem haben wir noch Saccharin, also künstlichen Süßstoff produziert und auch Seife gekocht. Dann radelten wir zu Bauern im Raum Altötting und tauschten das Saccharin oder Seife gegen Eier ein. Manchmal hamsterten wir bei einer einzigen Tour bis zu hundert Stück zusammen. Die Eier mischten wir anschließend mit Alkohol und Süßstoff. Fertig war unser Eierlikör und der war bei den Bauern ein echter Renner. Die Bauern gaben uns dafür schon die besseren Sachen, Mehl, Fett und Geräuchertes.

War er gut, der Eierlikör?
Ach was, ich fand ihn einfach grässlich; trotzdem war er begehrt.

Was war Ihr größter Erfolg?
Der hat sich eigentlich erst in jüngster Zeit herausgestellt: Ich habe mit meinen frühen Vorstellungen für eine zukünftige Bildungspolitik in einer demokratischen

Gesellschaft Recht behalten. Die international vergleichende PISA-Studie hat dieselben Defizite ergeben, die ich bereits vor über dreißig Jahren erkannt habe. Damals wurden meine Vorstellungen sowohl von der FDP als auch von der CDU als zu utopisch angesehen. Heute werden sie angemahnt: Chancengleichheit für Kinder aus allen Bildungsschichten, inklusive Ausländerkinder.

Und der größte Misserfolg?
Mein Erfolg birgt auch schon den Misserfolg in sich. Obwohl ich die Bildungsproblematik richtig erkannte, hatte ich nicht die politischen Kapazitäten, entsprechende Veränderungen auf den Weg zu bringen. In Deutschland ist das eben nicht gelungen. Ein wichtiger Nichterfolg ist es, dass es mir trotz jahrelanger Bemühungen nicht gelungen ist, unsere Demokratie auch als erfahrbare Lebensform voranzubringen. Ich bedauere das sehr. Möglicherweise sieht auch das in der nächsten Generation schon viel besser aus. Vielleicht schafft sie es, sich mehr demokratische Mitwirkungs- und Kontrollrechte zu erkämpfen.

Das klingt alles so vernünftig. Gab es nie eine Phase in Ihrem Leben, wo Sie nur noch bei Rudi Dutschke oder Uschi Obermaier mitmachen wollten?
Nein, eigentlich nicht. Da war ich bei aller Aufmüpfigkeit durchaus bürgerlich-wohlanständig geblieben. Hierzu ein Beispiel: 1968 war ich Staatssekretärin in Hessen. Meine ganze Sympathie galt den Studenten. Aus diesem Grund ging ich zusammen mit dem damaligen SPD-Kultusminister Ernst Schütte in die Frankfurter Uni. Wir wollten dort mit studentischen Gremien ein progressives Hochschulgesetz diskutieren. Als wir stattdessen mit

Eiern und Tomaten beworfen wurden – das meiste bekam Ernst Schütte ab –, da war es aus mit meiner Solidarität. Wenn gleich alles niedergemacht wird, sagte ich daraufhin zu den Studenten, dann würde auch ich nicht mehr bereit sein, mit ihnen über allfällige Reformen zu diskutieren. Meine Haltung war natürlich zu spontan. Ich hätte dies einfach durchstehen müssen.

Sie haben einmal gesagt: »Der rote Apfel fällt nicht weit vom braunen Stamm.«

Das war beim Hessentag 1969, nachdem mich Studenten vom oberen Rang des Theaters aus mit Stinkbomben beworfen hatten. Ganz schön unappetitlich war das. Irgendein älterer Zuhörer zupfte mich am Ärmel und meinte, ich sollte doch mit der Rede aufhören. Ich wollte das aber nicht. Und dann sagte ich lauthals diesen Satz: »Der rote Apfel fällt eben nicht weit vom braunen Stamm.«

Woraufhin die nächste Stinkbombe flog?

An das Ende kann ich mich nicht mehr genau erinnern. Aber ich war sauer und stank penetrant nach Schwefelwasserstoff. Eigentlich hätte ich sagen sollen: »So, das war nicht okay. Aber jetzt habt ihr euren Frust rausgelassen, nun können wir vernünftig miteinander diskutieren.« Die Abiturientin Karin Storch gehörte damals zu den aufmüpfigsten Rednerinnen. Ich fand sie unglaublich couragiert. 1968 wurde ihr dafür sogar eine Theodor-Heuss-Medaille verliehen.

Und heute?

Heute ist sie eine tüchtige, aber gezähmte Reporterin. Sie leitet das ZDF-Studio in Rom. Damals war ich davon überzeugt, dass aus ihr einmal eine große Politikerin werden würde.

Haben Sie das Gefühl, dass die vernünftigen Politiker deshalb nicht weiterkommen, weil denen ein Schuss Radikalität fehlt?
Die These ist originell, aber nicht ganz schlüssig.

Joschka Fischer hat einmal im Bundestag gesagt: »Mit Verlaub, Herr Präsident, Sie sind ein Arschloch.« Hätten Sie eine solche Bemerkung machen können?
Nein, nie. Doch die Aussage war ein Knaller in meinem parlamentarischen Leben. Es war unglaublich. Ich sehe Joschka noch vor mir, in seinen völlig verdreckten Turnschuhen und einer Jeans mit vielen Rissen. Mir imponierte das zwar, zugleich aber half es uns braven Parlamentsreformern auch nicht weiter.

Wie, da hätten Sie doch empört sein müssen?
Das war ich nicht, aber eben doch sehr schockiert. Fischer ist wirklich einer der interessantesten Politiker, die ich kenne. Man weiß nur nicht, wie lange noch.

Wieso? Was könnte sich Ihrer Meinung nach ändern?
Sollte das Gerücht stimmen, dass er Ratspräsident oder Kommissionspräsident in Brüssel werden will – was man ihm nicht verdenken könnte –, dann wäre das für die Attraktivität unserer politischen Klasse sehr schade.

Arbeiten Sie lieber mit Frauen oder mit Männern zusammen?
Im Prinzip mit Männern, das will ich gar nicht leugnen. Eine bestimmte Polarität kann stimulierend sein. Ande-

rerseits liebe ich meine langjährigen Mitarbeiterinnen. Über Macho-Männer kann ich mich ärgern, jedoch ohne besondere Aggressionen. Letztlich fehlt mir ein gewisses feministisches Aggressionspotenzial.

Das höre ich zum ersten Mal.
Na und? Das heißt nicht, dass ich nicht auch gern und gut mit Frauen zusammenarbeiten kann, jedoch nicht mit Frauen, die anfangen zickig zu werden, wenn sie erfolgreich sind. Dann komme ich mir immer wie das unbedarfte Mädchen vom Lande vor.

Bei Männern nicht?
Nicht mehr. Lange habe ich geglaubt, Männer können in der Politik sowieso alles besser, bis ich gemerkt habe, dass ich es auch nicht schlecht mache. Schließlich begriff ich, dass ich es manchmal sogar besser machen kann.

Auch wenn ich Sie in der Funktion als Wirtschaftsliberale noch nicht wahrgenommen habe, aber ich frage Sie: Sind heutzutage nicht schlechte Politiker, sondern skrupellose Wirtschaftsführer die größere Bedrohung für unsere Gesellschaft?
Skrupellose Menschen sind immer eine Bedrohung und schwarze Schafe gibt es überall. Ob es in der Wirtschaft mehr sind als in der Politik, weiß ich nicht. In Wirtschaftsfragen bin ich nicht sehr beschlagen, weiß aber, dass die so genannte Wirtschaftskriminalität sehr zugenommen hat. Und ich habe erlebt, wie Unternehmer immer wieder mal versucht haben, die FDP zu manipulieren. Damals zu Beginn der achtziger Jahre sollen einige Bosse gar gedroht haben, der FDP keine Spenden

mehr zur Verfügung zu stellen, wenn sie an einer Koalition mit der SPD festhalten würde. Dadurch war der Druck groß, der auf die Partei ausgeübt wurde. Für mich war das eine Art Bestechung oder, vorsichtiger ausgedrückt, wirksame Einflussnahme. Heute kann man diese Einflussnahme etwa bei den Diskussionen um die Gentechnologie beobachten. Ich halte die Marktwirtschaft zwar für erforderlich, weil ansonsten unsere Konkurrenzfähigkeit verloren ginge. Wenn jedoch nur noch die Shareholder-Interessen den Ausschlag geben, beispielsweise um Arbeitsplätze abzuschaffen oder Ausbildungsplätze zu streichen, dann halte ich das nicht nur für problematisch, sondern auch für skrupellos.

Viele von uns jungen Leuten passen sich aber an, weil der wirtschaftliche Druck so groß ist. Verkaufe ich so nicht mein Leben?
Ich hoffe nicht! Aber eigentlich war der Druck nie wirklich anders. In wirtschaftlich schlechten Zeiten ist er aber für junge Menschen besonders bedrückend.

Muss ein guter Politiker nicht auch ein exzellenter Chef sein, um möglichst viele Dinge verwirklichen zu können?
Das ist eine Fähigkeit, die zwar nicht zu den fünf wichtigsten Eigenschaften zählt, aber sie folgt gleich danach. Ein guter Chef muss überzeugend wirken, aber auch beliebt sein. Er sollte Charisma haben, um seine Mitarbeiter zu motivieren, und er muss Menschen geschickt führen können. Aber *democratic leadership* mit Betonung auf *democratic* ist etwas, das hierzulande viel zu wenig eingeübt wird. Wir denken da gleich wieder an Führernaturen. Als ich in Hessen Staatssekretärin und

Verwaltungschefin wurde, musste ich auch erst lernen zu führen, aber ohne autoritär anzuordnen.

Auf welche Art und Weise haben Sie Ihre Mitarbeiter geführt?
Sehr kollegial.

Das sagen alle …
Mein Stil wurde damals fast als sensationell empfunden. Zu Besprechungen habe ich nämlich nicht nur die Referatsleiter gebeten, sondern alle Mitarbeiter, die anschließend die Papiere schreiben und diese umsetzen mussten. So hatten sie die Möglichkeit, mit mir persönlich zu sprechen, und ich, sie persönlich kennen zu lernen. Ich wollte immer wissen, welche Leute mir zuarbeiteten. Das Arbeitsklima war wirklich gut. Noch Jahre später habe ich positive Rückmeldungen erhalten. Ich habe immer – zumindest – versucht, gerecht zu sein und Mitarbeiter zu ermutigen statt sie zu disziplinieren.

Wer war der bessere Chef: Schmidt oder Genscher?
Genscher ging unglaublich streng, nahezu autoritär mit seinen Mitarbeitern um. Viele persönliche Probleme landeten deshalb zuerst bei mir und ich versuchte sie dann an den Minister zu vermitteln. Auch ein anderes Disziplinierungsmittel gefiel mir nicht besonders gut: Wenn man bei Anweisungen nicht sofort spurte, dann war es mit seiner Gunst vorbei. Genscher war ein sehr fordernder, aber auch ein sehr erfolgreicher Chef, immer wieder auch zugänglich, das kann ich gar nicht anders sagen. Wie Kanzler Schmidt seine Leute führte, kann ich nicht beurteilen. Sicher auch streng, aber ich weiß, dass seine Mitarbeiter für ihn durchs Feuer gingen – trotz sei-

nes oft schnoddrigen Tons und trotz seiner oft verletzenden Art, Mitarbeiter oder Kollegen spüren zu lassen, wenn er mit ihrer Leistung unzufrieden war.

Fällt es Ihnen leicht, Aufgaben wirklich aus der Hand zu geben oder wollen Sie nicht doch lieber bei einem Projekt, das Sie angefangen haben, bis zum Schluss die Oberhand behalten?
Bei Projekten, die ich initiiert habe, will ich bis zum Schluss mitverfolgen können, ob sie auch genauso durchgeführt werden, wie ich sie konzipiert habe. Das ist ein großer Fehler und daher rühren auch viele meiner Schwierigkeiten. Ich kann Aufgaben und Aufträge nicht rechtzeitig delegieren. Immer bilde ich mir ein, dass die anderen es nicht alleine schaffen können.

Sie sind also bis heute uneinsichtig geblieben?
So ziemlich. Ich weiß, dass ich mit meinem »Nicht-loslassen-Können« oft Menschen verärgere oder entmutige. Und mich selbst habe ich damit permanent überlastet.

Warum waren Schmidt und Genscher nicht in der Lage, eine Männerfreundschaft einzugehen? Möglicherweise wäre die Wende 1982 anders verlaufen?
Es hätte ja nicht gleich Freundschaft sein müssen, aber rechtzeitige Aussprachen wären bestimmt nützlich gewesen. Oder auch ein Vertrauensverhältnis wie es beispielsweise zwischen Brandt und Scheel bestand. Die beiden pflegten kein kumpelhaftes, aber ein respektvolles Verhältnis und blieben auch bei Meinungsverschiedenheiten immer offen zueinander.

Genscher und Kohl dann auch wieder?
Ich glaube, die waren sich sehr nah.

Genscher und Schmidt aber, das klappte nicht?
Katz und Maus kommen auch nicht miteinander aus.

Was war das Problem bei den beiden?
Schmidt vermittelte Genscher das Gefühl, ihm überlegen zu sein. Zudem baute der Kanzler sein Amt mit Topleuten beträchtlich aus, was Genscher verärgerte. Dazu holte Schmidt sich auch Leute aus dem Auswärtigen Amt, die ihm halfen, über Genschers Kompetenzbereich im Bilde zu sein. So verhält sich übrigens jeder Bundeskanzler, wenn er die Außenpolitik zu seiner Domäne macht. Aber Genscher mochte das ganz und gar nicht, obwohl er es im umgekehrten Fall sicherlich genauso gemacht hätte. Er argwöhnte, Helmut Schmidt könnte ihn nicht genügend wertschätzen. Letztlich machten beide Fehler im Umgang miteinander, die zu der wachsenden Entfremdung beitrugen. Ich könnte weder dem einen noch dem anderen die Schuld dafür geben.

Sie meinen, dass Helmut Schmidt den Hans-Dietrich Genscher nicht für intellektuell satisfaktionsfähig hielt?
»Intellektuell« ist das falsche Wort, denn Genscher ist ebenfalls blitzgescheit. Vielmehr waren die unterschiedlichen Interessen ausschlaggebend. Schmidt begeisterte sich für Architektur, Städteplanung, Malerei, Musik und Literatur – Genscher habe ich nie ein Buch lesen sehen. Das war einfach so. Gut, man könnte sagen, als Außenminister hatte er immer zu viel zu tun, aber die freie Zeit von Helmut Schmidt war auch nicht üppig bemessen. Dennoch las er nicht nur Bücher, sondern er schrieb auch

selbst welche. Und Musik hörte er sich nicht nur an, er spielte auch Klavier. Genscher war dagegen der Prototyp eines »Nurpolitikers« schlechthin. Wenn er im Auto fuhr – ich habe es miterlebt –, dann liefen zur Nachrichtenzeit parallel immer mehrere Radios mit verschiedenen Sendern. Vielleicht übertreibe ich ein bisschen, aber im Grunde war das so. Er konnte ausrasten, wenn man ihm nicht mitteilte, wann, wo und weshalb er erwähnt wurde.

Kindisch ist das.
So könnte man das auch nennen, ich nenne es aber medienbewusst.

Glauben Sie noch an eine sozialliberale Koalition?
Geglaubt wird in der Kirche. So lernte ich es wenigstens in meiner Kindheit. In Niedersachsen hätte ich mir eine Koalition mit Sigmar Gabriel vorstellen können. Nun müssen wir mit dem braven Christian Wulff zurechtkommen. Da wird wenig Progressives herauskommen.

Und in Hessen?
Hier haben die Liberalen nun alles verpasst. Die liefen dem Koch zunächst wie ein Hündchen hinterher. Mir wäre das ziemlich peinlich, mit Leuten in einer Koalition zu sein, die in einem solchen Spendenskandal steckten und nicht zu uns passen. Das ist in Hamburg nicht viel anders.

Kann man in der Politik überhaupt Freundschaften schließen?
Echte Freundschaften sind in der Politik sehr schwierig. Nahezu unmöglich ist, sie durch dick und dünn aufrecht-

zuerhalten. Die Konkurrenz unter den Abgeordneten in einer Fraktion ist einfach zu groß. So manche einstmals gute Beziehung habe ich zerbrechen sehen, wenn die Befürchtungen zu stark wurden, der eine könnte den anderen ausstechen. Der Konkurrenzdruck ist enorm. Ich habe einige treue Freunde gefunden, sowohl männliche als auch weibliche. Diese Freundschaften funktionieren, weil wir gemeinsame Interessen und damit auch Gesprächsthemen fanden, die außerhalb des politischen Tagesgeschäfts lagen. Das waren nicht Freundschaften, die man schloss, um ein Bündnis für oder gegen etwas oder jemanden zu schmieden. Solche Konstellationen sind zwar auch möglich, um gemeinsam etwas zu bewirken, aber sie sind auch schnell wieder gefährdet. Aber wenn man durch Zufall nebeneinander in einem Flugzeug saß und der andere fing an zu erzählen, er würde gern mal in ein bestimmtes Land reisen und sich dieses und jenes anschauen oder man bekam nach einer Sitzung von jemanden gesagt, Kollegin, das und das habe ich gelesen, das ist ein ganz tolles Buch, dann konnte sich daraus eine freundschaftliche Beziehung entwickeln, die auch Kontroversen und Konflikte durchstand. Aber letztlich sind sie nicht mit Bindungen vergleichbar, die außerhalb des politischen Umfeldes geschlossen werden.

Halten Sie sich für eine gute Freundin?
In der Vergangenheit musste ich freundschaftliche Beziehungen sehr vernachlässigen. Für Freundschaften muss man Zeit haben und die hatte ich nicht.

Mit wie vielen Leuten sind Sie per Du?
Ich finde, man sollte sich nicht zu oft duzen. Einmal

habe ich zu jemandem, der mich duzen wollte, provozierend gesagt: »Ich duze mich ja nicht einmal selbst.« Das respektvolle »Sie« gefällt mir besser.

War das ein Genosse aus der SPD?
Nein. Das Geduze hätte ich vielleicht noch ertragen, aber die allgemeine Kumpanei bei den Sozialdemokraten ist nicht meine Sache.

Mit wie vielen Leuten duzen Sie sich? Ein oder zwei Hände?
Das kann ich nicht so genau sagen.

Die Familie lassen wir einfach mal weg.
In der Politik bleiben dann nur noch wenige Menschen übrig.

Brauchen Sie einen Abstand zu Menschen?
Man kann sich auch siezen und doch sehr nah sein und man kann sich duzen und ziemlich fern voneinander sein. Das lässt sich nicht so einfach kategorisieren. Ich gehe mit dem Du sehr sparsam um. Mit wem habe ich mich denn eigentlich geduzt?

Mit der Gräfin Dönhoff?
Ja, mit ihr verband mich eine gute und starke Freundschaft. Leider haben wir uns am Ende ihres Lebens nur noch selten gesehen. Ich war immer unterwegs, sie war oft krank. Aber wir hatten sehr viel Sympathie füreinander.

Fällt es Ihnen leicht, freundschaftliche Einladungen abzusagen?
Das musste ich leider zu oft machen.

Gab es da keinen Stich in ihrem Herzen?
In meiner aktiven Zeit konnte ich gar nicht darüber nachdenken. Meine knapp bemessene Freizeit gehörte der Familie, meinem Mann und den Kindern. Da gab es keine Kompromisse. Aber ich habe sehr treue Freunde. Jetzt, wo ich mehr Zeit habe, merke ich, dass mir nur wenige verloren gingen.

Wie viele Weihnachtskarten verschicken Sie?
Aus eigener Initiative ungefähr vierzig. Meist sind es noch weitere fünfzig an Personen, die mir schreiben und denen ich dann als Dank einen Jahresbericht schicke. Mehr kann ein Einzelner auch gar nicht schaffen.

Haben Sie von der FDP eine Weihnachtskarte bekommen?
Das ist schon so lange her. Haben die überhaupt Weihnachtskarten verschickt? Doch, von Wolfgang Gerhardt habe ich eine erhalten.

Das Thema Freundschaft liegt nahe an dem Thema Außenseiter. Und damit wären wir bei den Ausländern. Müssen wir uns eigentlich nicht alle Vorwürfe machen, wenn wir sehen, wie ausländische Mitbewohner, auch Aussiedler, schon seit vielen Jahrzehnten hier wohnen und immer noch kein Deutsch sprechen können?
Natürlich müssen wir das, denn wir haben sie immer dann geholt, wenn wir Arbeitskräfte für die Schmutz- oder Schwerarbeit brauchten. Die sollen sie verrichten, werden bezahlt und dafür sollen sie dann zufrieden und dankbar sein. Im Übrigen haben sie ja auch ihre Sozial- und Krankenversicherung. Doch das Problem liegt auf beiden Seiten. Es gibt eine ganze Menge Ausländer, die

ihr Gastland nicht so liebenswert finden, dass sie unbedingt Deutsch lernen wollen. Für sie ist es schwierig, sich zu integrieren und dabei gleichzeitig ihre kulturelle Identität zu wahren. Ich habe dafür volles Verständnis. Dennoch kann man die Schuld nicht nur einer Seite zuweisen. In vielen Betrieben wurde einiges unternommen, um einen guten Umgang mit ausländischen Mitarbeitern zu schaffen. Vielleicht hätte man noch einiges mehr tun können. Ich habe zum Beispiel deutsch-türkische Initiativen gefördert oder Türken ermutigt, sich auch um Schwierigkeiten bei Deutschen zu kümmern.

Die Situation war ja schon deshalb nicht einfach, weil viele ausländische Mitbewohner, die ursprünglich nach Deutschland kamen, aus sehr ländlichen Gegenden kamen, also oft nur eine einfache Grundschulausbildung mitbrachten ...
... wenn überhaupt.

Hätte in diesen Fällen nicht der Staat die Menschen verpflichten müssen, Deutsch zu lernen? Oder die vielen Frauen, die mit ihren Männern kamen, zum Erlernen eines Berufs motivieren sollen?
Wir haben immer abgestritten, dass wir ein Einwanderungsland sind. Das ist auch der entscheidende Grund, weshalb wir so wenig unternommen haben. Wenn man sich nicht als Einwanderungsland definiert und trotzdem Menschen ins Land holt, dann gibt man ihnen zu verstehen: Ihr gehört nicht dazu, ihr geht ja doch wieder weg. So sehen es Teile der CDU/CSU übrigens noch heute. Diese Sichtweise, die anfangs bei allen Politikern vorherrschte, ist meiner Ansicht nach ein kardinaler

Fehler. Als schließlich erkannt wurde, dass viele Ausländer nicht wieder in ihre Heimatländer zurückkehrten, sondern hier blieben – mittlerweile lebt hier bereits die zweite und dritte Generation –, da war es eigentlich schon für eine wirksame Integration zu spät.

Kommentieren Sie doch bitte den Satz von Otto Schily: »In Deutschland haben wir, was die Einwanderung angeht und die Ausländer, die Grenze der Belastbarkeit erreicht.«

Hat er das jüngst wieder gesagt?

Vor über einem Jahr im Zusammenhang mit der Zuwanderungsdebatte.

Ich halte das Argument von der Belastbarkeit für sehr variabel. Man kann natürlich sagen, mit über vier Millionen Arbeitslosen brauchen wir nicht noch mehr Leute, die hier dann von der Sozialhilfe leben. Dieses Argument wird immer wieder vorgebracht, weil es bei den Wählern gut ankommt. Das ist jedoch populistisch, wenn gleichzeitig Inder mit hoch spezialisierten Computerkenntnissen oder andere Experten dringend gesucht werden. So stellt man es sich eben vor: Wir suchen uns handverlesen unsere Ausländer aus. Als ich nach meinem Unfall im Krankenhaus lag, bekam ich mit, wie dringend wir Krankenschwestern benötigen. Junge Zuwanderinnen oder Kinder von Zuwanderern sollten motiviert werden, solche Mangelberufe zu erlernen. Stattdessen nehmen wir den Schwellenländern ihren qualifizierten Nachwuchs weg.

Helmut Schmidt sagte einmal, die Deutschen seien innerlich weitgehend fremdenfeindlich.

Jedenfalls sind sie fremdenunfreundlich. Ich kann oft wenig Freundlichkeit entdecken. Vielleicht schauen wir zu sehr auf unsere eigenen Bedürfnisse und Interessen.

Und inwiefern sind wir Deutsche fremdenunfreundlich?
Einerseits fahren wir zwar gerne ins Ausland und eignen uns vorübergehend fremde Sitten und Gebräuche an, aber im eigenen Land werfen wir skeptische Blicke auf das Fremde. Und wenn wir uns auch noch für Fremdes stark machen sollten, dann finden wir das überhaupt nicht gut. Vor fünfzehn Jahren war dieses Denken und Verhalten besonders stark ausgeprägt, heute bemühen sich viele Menschen um einen besseren Umgang.

Haben Sie anderswo bessere Erfahrungen gemacht?
Amerika ist zum Beispiel ein sehr gastfreundliches Land. Die Herzlichkeit gegenüber Fremden ist eine der Stärken der Amerikaner. Sie sind unglaublich freundlich und offen, fast immer wird man mit einem »*glad to meet you*« begrüßt oder fürs Wochenende nach Hause eingeladen. Den formalen Umgang empfinde ich angenehmer als bei uns. Als ich kurz nach dem Zweiten Weltkrieg für ein Jahr in den Vereinigten Staaten studierte, hatte ich große Angst, keine Kontakte zu Amerikanern zu bekommen. Meine Furcht war völlig unbegründet. Ich habe dort viele Freundschaften geschlossen.

Aber sind die Deutschen fremdenunfreundlicher als die Franzosen?
Die sind ja meist noch unfreundlicher.

Das wollte ich gerade sagen.
Aber die Briten zeigen wiederum viel Entgegenkommen.

Sind Sie mit sich selbst zufrieden, was Ihr persönliches Engagement in Sachen Integration von Ausländern betrifft?
Überhaupt nicht. Was ich in die Wege geleitet habe, war nur ein Tropfen auf den heißen Stein. In den sechziger Jahren habe ich mich in Hessen für ausländische Kinder im schulpflichtigen Alter eingesetzt. Es gab damals keine Schulen für sie, auch keine Klassen. Sie sofort in deutschen Schulklassen unterzubringen, hielt ich für nicht richtig. Sie sollten sich nicht durchquälen müssen. Mein Ziel war eine intensive Sprachförderung, damit diese Jungen und Mädchen so schnell wie möglich am Schulunterricht teilnehmen konnten. Also kämpfte ich für diese Lösung. Es verstrich allerdings einige Zeit, bis es dann so weit war. Und noch länger hat es gedauert, bis die Kultusministerkonferenz endlich beschloss, die sprachliche Integration von Ausländern bundesweit zu fördern. Da sind schon einige Jahre verplempert worden. Eine Bekannte von mir, die an der Münchner Volkshochschule Deutschkurse für Ausländer durchführt, erzählte mir, dass ältere Ausländer zu ihr kommen, die zum ersten Mal in ihrem Leben einen Deutschunterricht besuchen.

Und das ist falsch?
Ja. Im europäischen Ausland gibt es andere Modelle. In Holland wird beispielsweise streng darauf geachtet, dass jeder Ausländer erst dann eine Aufenthaltsgenehmigung auf Dauer erhält, wenn er die niederländische Sprache einigermaßen beherrscht. Dort ist es also regelrecht Pflicht, die Sprache des Gastlandes zu erlernen.

Die Bildung ist ja nicht nur bei Ausländern ein Problem. Mein Bruder steht nach einem abgeschlossenen

Fünfundfünfzig Jahre in der Politik: Hildegard Hamm-Brücher

Sandra Maischberger und Hildegard Hamm-Brücher
im Gespräch unter vier Augen

Hildegard Hamm-Brücher steht Sandra Maischberger Rede und Antwort, Rupprecht Podszun hört zu

Große Runde: Ayla Busch-Muderris, Sandra Maischberger, Tobias Winstel, Lena Gorelik, Reni Maltschew, Rupprecht Podszun, Hildegard Hamm-Brücher, Alexander Kilz (v. lks. n. re.)

Für Reni Maltschew ein großes Vorbild: Hildegard Hamm-Brücher, neben ihr Rupprecht Podszun (lks.), Alexander Kilz (re.)

Hildegard Hamm-Brücher erzählt Ayla Busch-Muderris, Sandra Maischberger und Tobias Winstel (v. lks. n. re.) über ihre Schwierigkeiten als Frau in der Politik

Höchst konzentriert: Ayla Busch-Muderris, Sandra Maischberger, Tobias Winstel, Lena Gorelik (v. lks. n. re.)

Möllemann, Antisemitismus, Parteiaustritt: viele Fragen an Hildegard Hamm-Brücher

Rupprecht Podszun und Hildegard Hamm-Brücher sind sich einig:
Humor darf in der Politik nicht fehlen

Der Dialog mit der jungen Generation ist der einstigen FPD-Politikerin ein wichtiges Anliegen: Rupprecht Podszun, Ayla Busch-Muderris, Tobias Winstel, Hildegard Hamm-Brücher, Sandra Maischberger, Alexander Kilz, Lena Gorelik, Reni Maltschew (v. lks. n. re.)

Die TV-Journalistin Sandra Maischberger leitete und moderierte die vier Gesprächsrunden

Hildegard Hamm-Brücher: »Ein Leben in Unfreiheit kann ich mir nicht für eine Minute vorstellen.«

Maschinenbaustudium im Ausland seit drei Jahren im Berufsleben. Er beklagt sich darüber, dass seine Mitabiturienten immer noch studieren, er also für sie mitbezahlen muss. Warum brauchen die Deutschen eigentlich so lange, bis sie für einen Beruf reif sind?
Ich bin auch völlig ratlos über die langen Studienzeiten bei uns.

Sie waren schnell?
Ich habe innerhalb von fünf Jahren meinen Doktor in Chemie gemacht. Aber damals war die Situation eine andere. Es war Krieg und wir wussten nicht, wie wir uns ernähren sollten. Ein vernünftiger Beruf schien uns ungemein wichtig.

Warum also sind die Deutschen so langsam?
Die Studenten werden zum einen in den Universitäten viel zu wenig angeleitet. In Amerika beispielsweise bekommt jeder Student zu Beginn des Semesters eine Literaturliste in die Hand gedrückt und weiß dann, was er als Mindestquantum zu lesen hat. Während des Semesters muss er seine *papers* schreiben, abgeschlossen wird das Semester mit einem Test. Hat er den bestanden, ist die Sache abgehakt. Etwas Vergleichbares gibt es an deutschen Universitäten nicht. Man hangelt sich von Semester zu Semester und am Ende des Studiums gibt es eine große Prüfung, vor der die meisten Studenten mit Recht sehr viel Angst haben. Ich halte das für eine Überforderung. Man muss bei uns ein langes Seil hinaufklettern. Entweder fällt man wieder hinunter oder man hat nach einem mühsamen Gekraxel das Ziel erreicht. Die Zahl der Studienabbrecher ist viel zu hoch. Es fehlt bildlich gesprochen die Sprossenwand, die mit

ihren Stufen ein Gefühl der Sicherheit vermittelt, wenn du hier gelandet bist, dann hast du die Hälfte des Studiums oder zwei Drittel geschafft. Die langen Studienzeiten sind aber auch eine Folge davon, dass das Studium in Deutschland bis auf die Semestergebühren umsonst ist und die Studenten zudem eine Menge Privilegien genießen. Die Krankenkasse ist wesentlich günstiger, es gibt verbilligte Theaterkarten und viele andere Vergünstigungen. Auf diese Vorteile wird nur ungern verzichtet. Folglich haben sich die Studienzeiten nach Abschaffung der Studiengebühren nicht – wie erhofft – verkürzt, sondern – ganz im Gegenteil – verlängert.

Sind Sie für die Einführung von Studiengebühren?
Der Kindergarten muss ja auch bezahlt werden. Aber es sollte großzügiger mit Stipendien sowie mit deren Rückzahlungsmodalitäten verfahren werden. Nur diejenigen, die nach ihrem Studium etwas verdienen oder deren Eltern genug Geld haben, sollten zurückzahlen müssen.

Das wundert mich jetzt aber. Damals haben Sie für die Gesamtschule gekämpft und jetzt setzen Sie sich für Studiengebühren ein?
Auf der ganzen Welt müssen Sie, wenn Sie auf eine Universität gehen wollen, Ihr Studium bezahlen. Ich will mit Studiengebühren nur bewirken, dass wieder zügiger studiert wird und dass es mehr Stipendien gibt.

Bedeutet das nicht, wer Geld hat, der kann studieren, wer keins hat, der bleibt auf der Strecke? Bei einer solchen Auslese geht es doch nicht mehr um Leistung oder Eignung?
In meinem alten Hamm-Brücher-Bildungsplan hatte ich

folgenden Vorschlag fixiert: Jeder sollte die Chance haben, in zwei Jahren ein Grundstudium erfolgreich abzuschließen. Damit nahm ich in gewisser Weise das angelsächsische Modell auf. Diese ersten vier Semester wiederum sollten auch völlig gebührenfrei sein. Wer einen weiterführenden Abschluss anstrebt, der konnte nach dieser Idee seinen Master machen, der aber mit Gebühren verbunden war. Ich bin bis heute der Meinung: Ab einem bestimmten Punkt ist es notwendig, für die eigene Ausbildung zu bezahlen. Vielleicht zweihundert Euro pro Semester. Jeder Handwerker muss das auch. Aber bislang konnte ich nur wenig Leute von diesem Plan überzeugen.

Wo bleibt bei diesem Plan die Persönlichkeitsbildung? Mir scheint, es soll in der Ausbildung allein um eine wirtschaftliche Qualifikation gehen. Ihr Freund, der Erziehungswissenschaftler Hartmut von Hentig, würde Ihnen wahrscheinlich an die Gurgel gehen.
Wissen Sie eigentlich, was man heute für einen Kindergartenplatz bezahlen muss? Die Preise sind einfach horrend. Dabei haben die meisten jungen Eltern noch sehr viel weniger Geld als später. Das finde ich einfach nicht gerecht.

In der DDR gab es keine Gebühren für Kindergärten.
Das war mit Sicherheit eine positive Errungenschaft. Dennoch: Langfristig gesehen müssen Studiengebühren eingeführt werden. Die Bummelei kann so nicht mehr weitergehen, wirklich nicht. Außerdem muss es ein vernünftiges Stipendienangebot geben, das Leistungen fordert und fördert. Schließlich wird Leistung später bezahlt.
Ich musste in meiner Studienzeit übrigens jede Menge

Studiengebühren bezahlen. Und für jede Vorlesung bekam der Professor sein Kolleggeld. Das waren zwar nur kleine Beträge, aber immerhin. Dadurch gaben sich die Hochschullehrer mit ihren Vorlesungen auch mehr Mühe, sie wollten ja viele Studenten als Hörer haben. Diese Lösung war eigentlich nicht schlecht.

Hätten Sie sich heute wieder für Chemie entschieden oder lieber etwas anderes studiert, Politik oder Medizin?

Chemie würde ich auf keinen Fall mehr wählen. Ich habe dieses Fach eigentlich nur per Zufall studiert. Bevor ich 1939 an ein Studium denken konnte, musste ich nach meinem Abitur, das ich an einem Mädchengymnasium in Konstanz ablegte, meine »Arbeitsdienstpflicht« in einem »Maidenlager« im Vogtland absolvieren. Eines Tages Anfang Dezember verkündigte die Lagerführerin beim Morgenappell, dass sich Abiturientinnen, die Medizin oder Chemie studieren wollten, melden sollten. Ich trat ohne zu zögern vor und wurde nach neun Monaten Arbeitsdienst umgehend entlassen.

Aber Sie hätten ja auch Medizin nehmen können?

Davor hatte ich Angst. Blut, Schmerz und Leid, das ist nichts für mich. Zudem wusste ich auch, dass ich nach den Nürnberger Gesetzen nicht die geringste Chance gehabt hätte, Medizin oder ein anderes Fach zu studieren. Schon der Dekan der Philosophischen Fakultät der Ludwig-Maximilians-Universität in München, Herr Wüst, eröffnete mir, dass ich bei meiner »nicht arischen Abstammung« allenfalls mit einer Sondergenehmigung des Direktors des Chemischen Staatsinstituts immatrikuliert werden könnte.

Sie leben nun schon so lange in Bayern und reden überhaupt nicht Bayerisch. Haben Sie sich sehr bemüht, diesen Dialekt nicht zu nahe an sich heranzulassen?
In einem gewissen Alter nimmt man den Dialekt höchstens an, wenn man eine Wahlversammlung in einer bayerischen Gaststube veranstaltet. Reden dort alle so, dann passiert es, dass auch ich ein bisschen in diese Mundart falle. Aber nur ein wenig, sonst wirkt das aufgesetzt. Meine Kinder, echte Münchner wiederum, geben nicht den geringsten bayerischen Laut von sich. Können es aber auch.

Aber die Vatersprache ist bei den Kindern doch bayerisch?
Ja, und ob. Mein Mann spricht fast nur Dialekt.

Haben Sie ihn von Anfang an verstanden?
Da gab es nie ein Problem.

Fühlen Sie sich als Bayerin?
Nein, nein. Wer weiß, wo dann mein preußisch-protestantischer Stolz geblieben wäre.

Worüber streiten Sie sich mit Ihrem Mann? Geht es da so richtig zur Sache?
Große Dispute sind bei uns nicht mehr an der Tagesordnung. Wir sind mittlerweile zu abgeklärt. Früher vermieden wir es, etwa über Franz Josef Strauß zu diskutieren. Das hätte mit Ärger geendet, da mein Mann ein großer Strauß-Fan war. Andererseits war er aber immer auch für meine großen Themen, beispielsweise die Ostverträge, die Gesamtschule oder die Chancengleichheit von Mädchen und Jungen. Die anachronistischen Schul-

buchtexte wollte er ebenfalls geändert haben. In den meisten Punkten waren wir uns also politisch einig, wozu da noch streiten? Für mich war es allemal entscheidend, in ihm eine wichtige Unterstützung und einen guten Ratgeber gefunden zu haben.

Gab es nie Zunder über unterschiedliche Ansichten im privaten Bereich?
In Geschmacksfragen sind wir uns eigentlich auch immer sehr einig. Wenn einer von uns etwas blöd findet oder dumm oder kitschig oder wichtig, dann kann man sicher sein, der andere wird dieselbe oder eine ähnliche Meinung darüber haben. Aber über Bücher können wir uns gelegentlich fetzen. Mein Mann hasst Günter Grass und Heinrich Böll. Na ja, hassen ist vielleicht übertrieben. Er mag sie nicht. Ich dagegen habe von diesen beiden Autoren alles gelesen. Er liebt dafür seinen Joseph Roth, Theodor Fontane oder seinen Stefan Zweig und sagt, das, was die geschrieben haben, ist Literatur – was stimmt – und nicht so'n »Dreckszeug«, was meines Erachtens nicht zutrifft. Darüber haben wir uns schon heftig in die Haare bekommen.

Sie haben als Kind Bücher von Erich Kästner gelesen. Später haben Sie ihn dann persönlich kennen gelernt. War er denn so, wie Sie ihn sich vorgestellt haben?
Er war noch viel netter. Erich Kästner ist wirklich einer der nettesten Menschen, die ich in meinem ganzen Leben getroffen habe. Sein Leben und seine Bücher waren nicht voneinander zu trennen. Für mich war das eine erstaunliche Erfahrung. Leider ist er dann so früh und so qualvoll gestorben. Er war ein ganz bedeutender Freund in meinem Leben.

Am Ende seines Lebens soll er ein Alkoholproblem gehabt haben?
Ja.

Haben Sie in dieser Zeit noch Kontakt zu ihm gehabt?
Immer wieder haben wir uns zwar gesehen, wenn auch in immer größeren Abständen, mal hier, mal dort. Nach und nach zog er sich mehr und mehr von den Menschen zurück, hatte eigentlich kaum noch Kontakte. Von seiner irrsinnigen Raucherei bekam er Probleme mit der Lunge, ein Emphysem oder so was. Monatelang war er in Davos. Anschließend kamen die schweren Alkoholprobleme hinzu. Da sahen wir uns kaum noch. Aber irgendwann, irgendwo haben wir uns dann noch einmal getroffen, uns gerührt umarmt, angeguckt und gesagt: Nach 1945 – was war das doch für eine schöne Zeit! Damals war Kästner Feuilletonchef der Münchner *Neuen Zeitung* gewesen, die ihre Redaktionsräume in der Schellingstraße hatte. Früher wurde hier der *Völkische Beobachter* gedruckt. Ich kam dahin, um mir mit populären naturwissenschaftlichen Artikeln der unterschiedlichsten Art Geld zu verdienen. Dabei konnte ich das überhaupt nicht, Kästner hat es mir erst beigebracht. Zusammen mit seiner Lebensgefährtin Luiselotte Enderle haben wir dann viel Spaß gehabt. Wir unternahmen Landpartien nach Oberbayern in meinem kleinen Fiat, das Klappverdeck im Sommer zurückgeschoben. Erich saß meistens hinten auf dem Notsitz.

Waren Sie nicht ein bisschen verliebt in ihn?
Nie in dem Sinne, dass ich den Wunsch hatte, mit ihm zu schlafen. Eher war es ein Jugendschwarm, eine Verehrung. Außerdem hatte Kästner außer seiner Lebens-

gefährtin zu viele Freundinnen. Männer, die dauernd irgendwelche Liebschaften haben müssen, die sind mir viel zu anstrengend. Aber irgendwo hatte man schon das Gefühl, dass wir ein ganz gutes Paar hätten werden können.

Hildegärtchen hat er sie genannt.
Und Hilde-Gardinchen, Hilde-Vorgärtchen – ihm fielen dauernd Wortspiele ein. Das war seine Kunst, einfach mit Worten gut umgehen zu können.

In Krisen half Ihnen ein Gebet des Freiherrn von Oettingen, der sich von Gott Gelassenheit erbat, »für Dinge, die er nicht ändern könne«. Sind Sie in den letzten Jahren weiser oder gelassener geworden?
Nur zum Teil. Denn immer wieder scheitere ich daran. Ich habe es nie richtig hinbekommen, zwischen dem, was ich schaffen kann, und dem, was ich lieber lassen sollte, eine eindeutige Trennlinie zu ziehen. Weise Menschen würden gar nicht erst in solche Zwickmühlen geraten. Aber würde ich wirklich in jeder Situation weise und gelassen sein wollen? Nein.

Woher nahmen Sie immer Ihren unglaublichen Optimismus, die Welt verbessern zu wollen?
Ein wirklich weiser Mensch hat einmal gesagt, man soll die Welt so nehmen wie sie ist, aber nicht so lassen. Ich will die Welt überhaupt nicht radikal verändern, so wie sie ist, akzeptiere ich sie. Sie ist nicht so schlimm, wie manche Leute meinen. Aber trotzdem möchte ich nicht, dass alles so bleiben soll, wie es ist. Man kann die Welt belassen, dabei dennoch vieles verbessern.

Aber ohne eine Kraftquelle geht das doch nicht?
Meine Konstitution ist ein wichtiges Reservoir. Ebenso der Glaube. Man kann nicht alles aus eigenen Kräften leisten, das ist eine Maxime von mir. Dahinter verbirgt sich die Erfahrung, dass ich ein Geleit brauche, eine Stütze, und auch eine Adresse, bei der man »Dankeschön« sagen kann, oder »bitte«.

Haben Sie das Gefühl, dass Sie zeit Ihres Lebens zu schlecht bezahlt worden sind?
Überhaupt nicht. Aber ich hatte auch nie das Bedürfnis, große Summen zu scheffeln. Mein Mann und ich sind gut bezahlt worden, wir haben beide nicht schlecht verdient. Wir leben sparsam und kommen mit unserem Geld gut aus. Und ich habe auch nicht den Eindruck, dass meine Kinder gelitten hätten.

Haben Sie Aktien?
Zum Glück nur ganz wenige. Als mein Mann und ich uns näher kennen lernten, habe ich die meisten verkauft, um uns das nette Haus in Harlaching leisten zu können.

Was hatten Sie denn für Aktien?
Die meisten aus Wiedergutmachungszeiten. Und wenn ich etwas Geld auf dem Konto hatte, riet mir meine Bank, doch diese oder jene Aktie zu kaufen. Ich bin seinerzeit sehr gut beraten worden. Heute sind fast alle Aktien im Keller, da bin ich froh, dass ich kaum noch welche habe. So habe ich die Verluste kaum einmal bemerkt.

Welche Rolle spielt Geld für Sie?
Ich freue mich darüber, dass ich nicht mehr jeden Cent

umdrehen muss. Aber ich bin nicht der Typ Frau, der unbedingt für tausend Euro ein Kleid oder ein Schmuckstück kaufen muss. Diesen Drang habe ich nie gehabt. Spektakuläre Sachen befremden mich eher.

Was war denn das Teuerste, was Sie sich geleistet haben, vom Haus einmal abgesehen?
Da muss ich nachdenken.

Autos, Kleider oder Reisen?
Unsere Autos waren immer relativ bescheiden. Da ich beruflich viel reisen musste, waren wir privat nie so viel unterwegs. Bei Kleidern habe ich manchmal ganz schön zugeschlagen. Ja, das stimmt.

Bei wem müssten oder wollen Sie sich noch entschuldigen?
Fällt Ihnen etwas ein, Frau Maischberger?

Ich kann das nicht beantworten. Wir sind hier beim Jüngsten Gericht.
Mit dem einen oder anderen Menschen möchte ich mich noch aussprechen, zum Beispiel mit Herrn Genscher. Aber entschuldigen will ich mich bei ihm auf keinen Fall. Gibt es noch etwas, das ich in Ordnung bringen möchte? Ich spüre eigentlich keine Last, die ich abwälzen oder abtragen müsste.

Gibt es jemanden, den Sie gerne kennen gelernt hätten?
Václav Havel. Die Bücher aus seiner Dissidentenzeit haben mich tief beeindruckt.

Aber Sie sind ihm doch bei einem Staatsempfang begegnet.
Auf einer größeren Einladung lernt man einen Menschen nicht wirklich kennen. Ich finde intellektuelle Politiker mit einem festen sittlichen Fundament total faszinierend. Havel gehört sicher auch zu den Männern, die darüber betrübt sind, dass sie nicht radikal genug waren.

Eine ganz andere Frage: Gehört die Türkei in die EU?
Unbedingt.

Ohne Wenn und Aber?
Nein, sie muss rechtsstaatlich sein und alle Voraussetzungen für die Beachtung der Menschenrechte schaffen. Ja, weil das so genannte christliche Abendland um eine neue Dimension reicher werden könnte. Dieser Prozess braucht aber Zeit und Offenheit auf beiden Seiten. Wir müssen uns mit den Traditionen der türkischen Gesellschaft und der moslemischen Religion intensiver beschäftigen, die Türken mit den Ausformungen unseres Rechtsstaats. Mich hat immer beeindruckt, wie unbefangen der deutsch-türkische Abgeordnete Cem Özdemir mit diesen Problemen im Bundestag umgegangen ist. Übrigens besitzt der ehemalige innen- und medienpolitische Sprecher der Grünen auch eine Theodor-Heuss-Medaille. Wenn er mich anlässlich seines »Flugmeilen-Skandals« gefragt hätte, ich hätte ihm geraten, zahlen Sie den Gegenwert zurück und damit ist die Sache erledigt. Aber nein, er, der Bundestagsabgeordnete wollte einfach konsequent sein. Aber er wird hoffentlich wieder kommen. Wenn man sich mit ihm unterhält, dann spürt er noch einen großen Bruch zwischen der Türkei und dem alten Europa. Jetzt will er sich in

der Türkei engagieren, um diese Lücke kleiner werden zu lassen. Cem Özdemir ist meiner Ansicht nach der Mustertyp eines Türken aus der zweiten Zuwanderergeneration, aber noch fest verwurzelt in seiner Herkunftskultur. Seine Mutter ist Flickschneiderin im schwäbischen Urach, wo Özdemir geboren wurde. Der Vater arbeitet als Dreher in einer Fabrik. – Doch zurück zur Frage. Ich bin dafür, dass die Türkei EU-Mitglied wird.

Hatten Sie Angst davor, älter zu werden?
Ja.

Und war die Angst berechtigt?
Falten und graue Haare haben mich wenig geängstigt. Vielmehr bestürzte mich, als ich merkte, ich bin nicht mehr so leistungsfähig wie früher, ich kann mit den Jüngeren nicht mehr mithalten. Beim Skilaufen ist mir das besonders aufgefallen. Früher sauste ich mit den Kindern so gern die Berge runter. Und auf einmal war ich einfach zu müde dafür. Ich druckste bei meiner letzten Ski-Reise nur herum und sagte, dass ich lieber nach Hause fahren möchte. Danach habe ich mir nie wieder Skier unter die Füße geschnallt. So gesehen fand ich es ziemlich mühsam, alt zu werden.

Und wann war das? In welchem Alter?
Ich war ungefähr fünfundsechzig oder an die siebzig. Da spürte ich, dass der Alterungsprozess nicht mehr aufzuschieben war. Das ist eine Erfahrung, die man selbst machen muss, man kann sie nicht in nachvollziehbare Worte fassen. Seltsam ist beim Älterwerden auch, dass man vieles doof oder albern findet, was eigentlich, für

sich gesehen, auch schon wieder doof ist. Aber die Interessen und Neigungen verändern sich halt mit dem Fortschreiten des Lebens.

Was bedeutet für Sie der Tod?
Das letzte Stück Leben. Der Tod gehört zum Leben dazu. Ich habe keine Ahnung, was mir noch beschieden sein wird, aber ich habe das Gefühl, dass ich vor dem Sterben keine Angst zu haben brauche.

Glauben Sie, dass Gott Humor hat? Oder ist der nur vernünftig?
Keine Ahnung. Auf jeden Fall hat er die Menschen ganz gut durchschaut.

Oder sie ihn?
Das ist keine Möglichkeit.

Haben Sie jemals geraucht?
Ja. Aber kein Marihuana, das gab es zu meiner Zeit nicht.

Sonst hätten Sie das probiert?
Ich glaube schon. Einfach nur, um das Gefühl zu testen.

Keine Suchtgefahr?
Man muss aufpassen, dass man nicht hängen bleibt. Wie bei den meisten Dingen. Geraucht habe ich Anfang der sechziger Jahre. Es gibt noch ein Foto von mir in meinem Minibüro im Bayerischen Landtag. Ich telefoniere und schiebe einen Stapel Akten neben den anderen, in der rechten Hand halte ich elegant eine Zigarette.

Sie haben doch nicht etwa nur fürs Foto geraucht?

Als ob mir eine solche Inszenierung liegen würde. Ich habe zwar nicht Kette geraucht, doch ab und zu war das ein richtiger Genuss, besonders zusammen mit meinem Mann. Dann musste er sich aber einer Zahnoperation unterziehen und hat von heute auf morgen mit dem Rauchen aufgehört. Davor hatte er sich täglich viel mehr Zigaretten angezündet als ich. Gleichzeitig meinte er, ich bräuchte auch nicht mehr zu rauchen.

Und Sie haben sofort damit aufgehört?
Ja. Es fiel leicht, weil ich nie das Gefühl hatte, eine Zigarette rauchen zu müssen.

Wenn Sie Ihrer Enkelin eine Lebensweisheit mit auf den Weg geben wollten, was für eine wäre das?
Augen auf.

Und durch.
Und Ohren auf.

Was war der Höhepunkt in Ihrem Leben?
Da brauche ich überhaupt nicht nachzudenken: Die Geburt meines ersten Kindes war absolutes Glück.

Sind Sie stolz auf Ihre Kinder?
Ich bin sehr froh und dankbar, dass beide, Verena und Florian, sich trotz des zeitlichen Entzugs ihrer Mutter so gut entwickelt haben.

Ist Mutterstolz etwas Unangenehmes für Sie?
Auf Genugtuung und Dankbarkeit könnte ich mich einigen. Bei einer stolzen Mutter denke ich immer, sie dünkt sich als etwas Besseres.

Sie haben Ihre Kinder auf normalem Weg zur Welt gebracht. Wenn das nicht möglich gewesen wäre, hätten Sie sich – aus heutiger Perspektive – den neuesten medizinischen Methoden der Reproduktion unterworfen?
Eine künstliche Befruchtung im Reagenzglas ist für mich unvorstellbar.

Aber ganz auf Kinder hätten Sie nicht verzichtet?
Dafür mag ich sie viel zu sehr. Wenn mein Mann und ich keine Kinder bekommen hätten, wir hätten mit Sicherheit ein Pflegekind angenommen oder noch lieber eines adoptiert. Da ich ja schon älter war, als ich in den heiligen Stand der Ehe trat, hatte ich mich mit diesem Gedanken schon vertraut gemacht.

In Ihrer offiziellen Biografie haben Sie 1954 geheiratet und 1955 kommt Sohn Florian zur Welt.
Nein, das war umgekehrt. Florian ist 1954 geboren und geheiratet haben wir 1956. Mein Mann war bei der Geburt unseres Sohnes noch nicht geschieden.

Im Munzinger steht: »Hildegard Hamm-Brücher, seit 1954 mit dem Juristen und früheren Münchner Stadtrat Dr. Erwin Hamm verheiratet. Geburt des Sohnes Florian 1955.«
In meiner »Lebensbilanz« steht es korrekt.

Hier haben wir es: 1953 wurde die Verbindung privatamtlich, 1956 amtlich geschlossen. Worin besteht der Unterschied?
Wir lebten anfangs ohne Trauschein zusammen. Damals war das noch nicht selbstverständlich.

Es hätte ja sein können, dass man im katholischen Bayern mit solchen Dingen vorsichtiger umgehen musste?
Vor allem, wenn der Mann bei der CSU ist. Aber wir haben das tapfer durchgestanden.

Haben Sie ein glückliches Leben?
Ja, das würde ich schon sagen.

Auch immer gehabt?
Nein. Wer hat das schon?

Aber Sie hatten letztlich immer viel Glück!
Ja, wie im Märchen.

Wahrscheinlich stimmt das.
Machen wir uns doch nichts vor. Jeder möchte so viele glückliche Augenblicke wie nur möglich im Leben haben.

DRITTE GESPRÄCHSRUNDE

Hildegard Hamm-Brücher, Sandra Maischberger

Im November 2002 hatten Sie einen Unfall, ein Radfahrer fuhr Sie in München regelrecht über den Haufen. Wie sahen die Verletzungen genau aus, die Sie nach Ihrem Unfall hatten?
Am Hinterkopf hatte ich eine große Platzwunde, hinzu kam eine Gehirnerschütterung, die mich wochenlang belastete. Noch heute habe ich Schwindelgefühle, Gleichgewichtsstörungen und erhöhte Temperatur. Und mein linkes Bein war von oben bis unten mit Prellungen und Blutergüssen überzogen. Zum Glück hatte ich mir nichts gebrochen, wie ein Computercheck sofort ergab. Aber die ganze Angelegenheit war lästig und langwierig. Schritt für Schritt hat mich dann mein homöopathischer Arzt wieder auf die Beine gestellt. Das Leben sieht wieder freudiger aus. Ich habe anfangs nur gedacht, so, jetzt bist du alt und musst an Krücken gehen.

Woher kam aber das Fieber?
Das konnte mir kein Arzt sagen. Wenn Sie am Morgen 37,5 Grad haben und abends 38 Grad, dann ist das eine permanent erhöhte Temperatur, die sehr erschöpft.

Mir ist an dieser Geschichte aufgefallen, so wie Sie sie erzählt haben, dass Sie mehr Mitleid mit dem Radfahrer hatten, der Sie umfuhr, als mit sich selbst. Typisch Hamm-Brücher?

Hatte ich zunächst überhaupt nicht. Zuerst war ich nur sauer und böse auf ihn. Für mich war das ein Verrückter, der rücksichtslos mit seinem Mountainbike durch die Gegend raste. Nicht einmal seine Fahrradlampe hatte er. Ich war sogar so wütend, dass ich fast vergaß, was mir alles wehtat.

Haben Sie ihn angeschrien?
Sie Idiot, habe ich gebrüllt. Warum können Sie denn nicht aufpassen? Wo haben Sie eigentlich Ihre Augen? Meine Reaktion war alles andere als ladylike. Und dann stand er ganz zerknirscht und zerknittert vor mir und meinte, er würde mit mir kommen, ich müsste sofort genäht werden.

Er erzählte Ihnen auch, dass er Arzt sei?
Der Mann, das stellte sich anschließend heraus, war Arzt in dem Krankenhaus, in das ich gebracht wurde. Es liegt siebenhundert Meter vom Unfallort entfernt und weitere dreihundert Meter von meinem Zuhause. Dadurch bin ich auch schnell versorgt worden. Ein junger Kollege von ihm behandelte die Wunde, aber anscheinend nicht gut genug, denn er nähte sie selbst noch ein weiteres Mal nach. Ein Neurologe sauste gleich herbei, das Bein wurde geröntgt, schließlich kam ich in ein schönes Einzelzimmer.

War der Mann einfach nur zu schnell gefahren?
Er war auf dem Weg zu seinem Sohn. Ein ganz typisches Schicksal: Er hatte in jungen Jahren seine Freundin geheiratet, weil sie ein Baby erwartete. Aber die Frühehe funktionierte nicht, die Kraft reichte nicht für ein gemeinsames Leben aus. Vor einiger Zeit wurde der Mann

geschieden und der Junge, den er heiß und innig liebt, lebt nun bei der Mutter. Jeden Termin, den er nach der gerichtlichen Vereinbarung bekommt, hält er eisern ein. An jenem Tag wollte er mit seinem Sohn schwimmen gehen. Weil er aber zu spät aus dem Krankenhaus kam, raste er wie ein Rennfahrer.

Und sofort hatten Sie Verständnis?
Unterdessen war ein Polizeibeamter zu mir ans Krankenbett gekommen. Er fragte mich, ob ich einen Strafantrag wegen fahrlässiger Körperverletzung stellen wollte. Nein, habe ich geantwortet, ich möchte das nicht tun, der Mann habe es schon schwer genug im Leben.

Fühlten Sie sich an Ihr früheres Problem erinnert, Familie und Beruf miteinander zu verbinden?
Wenn zu Hause etwas anlag, dann bin ich bestimmt auch mal zu wild oder zu unvorsichtig gefahren. Mit Sicherheit hätte man mich in solchen Augenblicken dabei ertappen können. Jeder von uns kennt diese Situationen. Schnell kann da etwas passieren. Zum Glück verlief bei mir immer alles gut.

Welche Erinnerungen verbinden Sie mit Ihrem Vater?
Mein Vater war leitender Direktor der Berliner Niederlassung der Elektrothermit, ein großes Unternehmen mit Hauptsitz in Essen. Die Firma hatte ein Verfahren mit Aluminiumbrennern entwickelt, um Straßenbahn- und Eisenbahnschienen zusammenzuschweißen. Nach dem Ersten Weltkrieg war mein Vater zunächst für die Elektrothermit in Essen tätig gewesen, aber schon nach einem Jahr bekam er diesen Direktorenposten anvertraut, den er auch bis zu seinem Tod ausübte. Ich kam

in Essen zur Welt, aber nur durch einen Zufall. Wir wohnten schon in Berlin. Ich erinnere mich noch, wenn der Chauffeur frühmorgens bei uns eintraf, in einer Art Uniformjacke, mit Schirmmütze auf dem Kopf. Wir Geschwister beobachteten dann, wie Herr Hand, so hieß er und wir mochten ihn sehr, den Motor mit einer Kurbel anwarf. Tagsüber sahen wir unseren Vater nicht. Wenn er abends heimkam, lagen wir meist schon im Bett. Erst samstags beim Mittagessen bekamen wir ihn wieder zu Gesicht. Und dann hieß es, sich anständig zu benehmen. Über ihn und seine Familie erfuhr ich zu seinen Lebzeiten wenig. Er war für uns eine Art Gottvater. Der Ausdruck passte in seinem Fall ganz gut.

Warum?
Er war ein westfälischer Dickschädel: streng und gütig zugleich.

Auf dem Foto in Ihrer »Lebensbilanz« sieht man ihn aber mit einem eher milden Gesichtsausdruck.
Für meine Mutter war der Umgang mit ihm dennoch nicht einfach. Er hatte Schlimmes durchgemacht. Aus dem Ersten Weltkrieg war er mit einem schweren Nervenschock zurückgekehrt. Viele Jahre hatte er als Hauptmann in Schützengräben gesessen, eine schreckliche Erfahrung, die ihn um Jahre hatte altern lassen. Als meine Mutter meinen Vater kennen gelernt hatte, war er ein blühender, junger und viel versprechender Mann gewesen. Mein Großvater war übrigens über ihre Wahl nicht so glücklich.

Weshalb?
Sie war erst siebzehn und seine einzige Tochter. Natürlich war Großvater Pick zutiefst eifersüchtig auf meinen

Vater. Noch bis zur Geburt ihres vierten Kindes, das war meine Schwester Mechtild, musste in dem Haus der Großeltern in Dresden bei Tisch stets ein Gedeck mehr für meine Mutter bereit stehen – für den Fall, dass sie meinem Vater weglaufen würde.

Dabei war Ihr Vater doch ein Jurist?
Ja, ein sehr gestandener und gebildeter Mann.

Dagegen konnte man doch nichts einzuwenden haben?
Väter können völlig irrational sein.

Der Großvater war Kommerzienrat?
Die Eltern von Großvater Pick kamen aus Mähren. Sie waren jüdisch, aber als sie sich in Dresden ansiedelten, ließen sie sich und ihre Kinder evangelisch taufen. Sie bauten eine kleine Malzfabrik auf, die für die sächsischen Bierbrauer immer bedeutsamer wurde. Nach und nach kamen weitere Fabriken hinzu und boten vielen Menschen in Dresden und Umgebung eine Arbeitsmöglichkeit. Der sächsische König war sehr stolz auf die Familie Pick und machte aus meinem Großvater einen königlich-sächsischen Kommerzienrat. »Der Herr Kommerzienrat«, hieß es dann immer ganz vornehm. Er starb 1932 an Kehlkopfkrebs. Das war ganz schrecklich, denn kurz zuvor war mein Vater gestorben und auch meine Mutter sollte nicht mehr lange leben.

Die Mutter und die Großmutter sind im selben Jahr Witwe geworden?
Mein Vater ist im Dezember 1931 gestorben und der Großvater im Sommer 1932. Meine Mutter dann im November 1932.

So wenig wie Sie Ihren Vater sahen, dennoch war er sehr wichtig für Sie?
Wir Brücher-Kinder waren fünf an der Zahl, mein ältester Bruder Wolfgang, dann kamen Ditmar, ich, Mechtild und Ernst. Mein Vater war sehr streng und hatte kaum Zeit für uns. Beim Essen durften wir nur reden, wenn wir gefragt wurden. Dennoch interessierte er sich für diese kleine Hildegard, vielleicht weil ich ziemlich aufmüpfig war. Mein Vater ging viel mit mir Schwimmen. Von meinem Sprung vom Zehn-Meter-Brett habe ich ja bereits erzählt. Oder er gab mir – nach Kavalleristen-Manier – Reitunterricht. Ich sollte lernen, die Zähne zusammenzubeißen.

Sie waren eine Vater-Tochter?
Für mich war mein Vater der Größte. Mit der Mutter habe ich mich schon eher mal gestritten. Aber ich möchte noch von einem anderen Erlebnis mit meinem Vater erzählen. Ich saß heulend unter unserem Esstisch und mein Vater fragte mich, warum ich denn weinen würde. Dabei zog er mich sanft an meinen struppigen Zöpfen aus meinem Versteck hervor. Ich sagte ihm, die Deutschlehrerin sei so ungerecht, sie hätte meinen Aufsatz viel zu schlecht benotet. Und da erwiderte er: »Merke dir, Hildegard, es gibt keine Gerechtigkeit auf der Welt.«

Diesen Satz haben Sie sich gemerkt?
Er kam mir immer in den Sinn, wenn ich mich ungerecht behandelt fühlte oder umgekehrt andere Menschen ungerecht beurteilte. Dann dachte ich immer, ja, ja, der Vater hatte schon Recht und wusste viel vom Leben.

Haben Sie nach dem Tod Ihrer Eltern eine Art Zwiesprache mit ihnen gehalten?

Zunächst nicht. Aber ich fühlte mich für die jüngeren Geschwister sehr verantwortlich. Wenn irgendetwas los war, hatte ich immer das Gefühl, ich müsste ihnen ein paar erzieherische Maßnahmen einimpfen. Meistens sagte ich dann nur: »Jetzt stellt euch mal vor, was die Eltern dazu sagen würden.« Später lachten Mechtild und Ernst nur noch darüber – für sie war diese Aussage zu einem geflügelten Wort geworden. Dann später – selbst noch als Studentin – habe ich mit meiner Mutter gesprochen. Mami, wie würdest du dich in dieser Situation verhalten? Oder: Was soll ich tun, wie soll ich nur mit all diesen Schwierigkeiten fertig werden? Ständig habe ich sie um Rat gebeten. Und Jahre später, wenn meine eigenen Kinder etwas an mir auszusetzen hatten, dann rutschten mir oft Sätze heraus wie »Also ich finde, dass ihr es gut habt, eine Mutter zu haben.« Wenn meine Mutter noch zehn Jahre länger gelebt hätte, wäre vieles für mich leichter gewesen. Heute verstehen Verena und Florian, was ich damit meinte, damals wurde ich ihnen jedoch nicht gerecht. Für sie waren meine Kindheit und Jugend Lichtjahre entfernt.

Haben Sie Abschied von Vater und Mutter nehmen können?

Bei meinem Vater ging es sehr schnell. Er war mit einem Blinddarmdurchbruch ins Krankenhaus gekommen. Alles war vereitert und es gab damals noch kein Penicillin. Innerhalb von drei Tagen starb er. Meine Mutter sagte es mir morgens, ich putzte gerade meine Schuhe. Sie war völlig verzweifelt.

Und Sie durften auch nicht mehr zu ihm?
Das weiß ich nicht. Ich erinnere mich nur noch an die Beerdigung. Unser Gemeindepfarrer Martin Niemöller begleitete uns ans Grab des Vaters. Erst da brach ich in Tränen aus.

Die Mutter starb auf den Tag genau elf Monate später.
Viele sagten, aus Kummer, aber meine Mutter hatte schon seit langem oft wahnsinnige Kopfschmerzen. Offensichtlich litt sie unter einem Gehirntumor, aber die Diagnostik war damals in diesem Bereich noch nicht sehr weit. Nach dem Tod meines Vaters wurden die Kopfschmerzen jedoch immer schlimmer. Im Sommer waren wir noch mit ihr in dem Ostseebad Bansin. Es sollten unsere letzten gemeinsamen Ferien sein. Es gibt da noch ein Foto, auf dem zu sehen ist, wie wir Geschwister mit ihr in der Mitte vergnügt im Sand zusammensitzen. Für mich ist es eines der rührendsten Erinnerungsbilder. Nach der Urlaubsreise bekam sie Morphium und musste ins Krankenhaus. Wir älteren Kinder – Ernst, der Jüngste, musste zu Hause bleiben – sind noch einmal zu ihr gegangen. Durch die offene Kranzenzimmertür durften wir ihr zuwinken.

Es war nicht erlaubt, an ihr Bett zu treten und ihre Hand zu nehmen?
Wahrscheinlich wollte meine Großmutter, die auch da war, uns dies ersparen. Wir waren ja alle noch sehr jung. Der letzte Eindruck unserer dem Tod geweihten Mutter war dennoch einfach schrecklich.

Was denkt ein Kind, wenn es kurz hintereinander beide Eltern verliert?
Es ist völlig verloren.

Verfluchten Sie in diesem Moment Gott und den ganzen Himmel?
So weit ging es nicht. Die Besuche der Kindergottesdienste von Pfarrer Niemöller hatten mich geprägt und er half uns sehr. Er hat sich auch in den folgenden Monaten und Jahren immer nach uns Brücher-Waisen erkundigt und uns besucht, selbst als wir schon bei unserer Großmutter in Dresden lebten – bis er ins KZ nach Dachau kam.

Haben Sie Martin Niemöller nach dem Krieg wiedergesehen?
Er erkundigte sich bei seiner Frau selbst noch im KZ, ob wir noch leben würden, und besuchte mich in Starnberg bald nach seiner Befreiung. Meine Brüder sind übrigens nur zu gern in seinen Kindergottesdienst gegangen, weil er immer so aufregende U-Boot-Geschichten erzählte.

U-Boot-Geschichten im Kindergottesdienst eines Widerstandskämpfers?
Für die Jungs war das prima. Dadurch verloren sie die Scheu, ihn auch noch nach anderen Dingen zu fragen.

Konnte er Ihnen Hilfe geben?
Am Grab meiner Mutter sagte er etwas sehr Tröstliches: »Gott legt uns eine Last auf, aber er hilft uns auch.« Mit meinen elf Jahren verstand ich die Bedeutung dieser Worte aus den Sprüchen Salomons noch nicht so recht, aber wenn später meine Ängste zu groß wurden, rief ich sie mir in Erinnerung. Wenn er uns mit seinen sechs Kindern besuchte, meinte er in seiner warmherzigen Art, dass das alles ganz schlimm für uns sei, wir

aber noch erfahren würden, dass Gott uns auch weiterhelfen werde. Und genauso kam es dann auch.

Obgleich Ihr weiteres Leben nicht einfacher wurde?
Nichts war mehr intakt. Ich konnte mich nur schwer in Dresden eingewöhnen, immer mehr kapselte ich mich von der Außenwelt ab. Es war dann eine Erleichterung, als ich 1937 ins Internat nach Salem kam. Mit der Nazidiktatur in Deutschland zogen sich immer dunklere Wolken über unserer Familie zusammen. Stellen Sie sich doch mal vor, nach den Nürnberger Gesetzen galten meine Großmutter und meine Mutter ab 1935 als »Jüdinnen«. Meine Großmutter war der Sache nicht mehr gewachsen. Haus und Vermögen wurden beschlagnahmt. Am 27. Januar 1942 erhielt sie den »Gestellungsbefehl« für den Abtransport nach Theresienstadt. An diesem Tag nahm sie sich mit Schlaftabletten das Leben. Damals dachte ich auch, dass das alles meiner Mutter durch ihren frühen Tod erspart geblieben war. So lernte ich den frühen Verlust zu verkraften. Denn ohne meinen Vater – der ja der »arische« Teil der Familie war –, wären wir Freiwild für die Nazis gewesen. Meine Mutter wäre mit den ersten Zügen weggekommen. Und wir? Der Status von uns Mischlingskindern war zunächst noch ungeklärt. Erst im Krieg waren wir gefährdet – das waren Erfahrungen, die mich ganz, ganz klein und fromm gemacht haben.

Und verloren, wie Sie sagten.
Ich fühlte mich unendlich allein. Ich wünsche keinem Kind diese Einsamkeit. Glücklicherweise hielten wir Geschwister fest zusammen.

Aber es wundert doch, um auf den gestrigen Tag zurückzukommen, dass Sie trotz dieser traumatischen Erfahrung Ihre Kinder so oft allein ließen. Müsste man sich in einem solchen Fall nicht sagen, ich bin als Mutter jederzeit für sie da?
Ja, das war ich ja auch, trotz der räumlichen Distanz unter der Woche. Und mein Alibi war immer mein Mann. Ich hatte stets die Gewissheit, dass er, der nicht mehr ganz junge Vater, sich rührend um seine Kinder kümmerte. Er vertrat – wie er sagte – unter der Woche »Mutterstelle« und ab Freitag vertrat ich auch die »Vaterstelle«. Und das, was er nicht schaffte, übernahmen Nitti und Gertie, die Kinderpflegerin.

Die haben das Zuhause gegeben, was Sie hat reisen lassen?
Flankiert vom Telefon. Ich weiß nicht, wie viele Telefonkosten ich dem Steuerzahler in den Jahren meiner Abwesenheit aufgebürdet habe.

Telefonkosten – ich habe es schon notiert.
Schon bevor Verena und Florian morgens in die Schule gingen, telefonierten wir miteinander.

Jeden Tag?
Ja, wenn irgend möglich, es war ein Ritual. Schon vor dem Frühstück fragte ich: »Hallo, guten Morgen, wie geht's? Ist alles in Ordnung? Was habt ihr denn heute vor?« Nach der Schule riefen meistens die Kinder an. Und abends plauderten wir dann noch einmal miteinander. Eine Zeit lang, als Florian Schwierigkeiten mit dem Latein hatte, kaufte ich ein zweites Lateinbuch und fragte ihn aus der Ferne Vokabeln und unregelmäßige

Verben ab. Bei Verena war es eher die Mathematik, aber da konnte ich später selbst nicht mehr recht mithalten. Durch all diese Telefonate war ich sehr präsent. In der Zeit, in der ich im Auswärtigen Amt tätig war und nie wusste, wann Herr Genscher mich wieder wohin schickt, da war es nicht mehr so problematisch, denn die Kinder waren schon größer. Aber die Episode in Hessen war schon ein Experiment mit ungewissem Ausgang.

Hätten Sie die Familie nicht mitnehmen können?
Mein Mann war als berufsmäßiger Stadtrat der wichtigste Mann nach dem Oberbürgermeister. Zudem: Ein gestandenes Mannsbild wie meinen Mann, den kann man nicht einfach auf Zeit irgendwohin verpflanzen. Der Gedanke kam zwar manchmal auf, aber es wurde nie ernsthaft erwogen. Er hätte mich sowieso nur morgens und am späten Abend gesehen, als Mitglied der Regierung hatte ich so viele Aufgaben und Pflichten. – Verena hatte ihre eigene Art, mit meiner Abwesenheit umzugehen. Sie sagte immer: »Die Mami ist gar nicht so lange weg, nur zweimal übermorgen.«

Zweimal übermorgen?
Wenn uns eine Trennung bevorstand, war das ihr Slogan, zweimal übermorgen, also: Montag bis Mittwoch und Mittwoch bis Freitag.

Wuchsen Sie in einem reichen Elternhaus auf?
Es war wohlhabend, aber nicht reich. Bei uns gab es abwechselnd Margarine und Butter und wir Kinder bekamen zweimal in der Woche Grießbrei. Ein Drama war es, wenn wir etwas auf dem Teller liegen ließen. Als ich dann selbst Mutter war und meine Kinder nicht alles

aufessen wollten, habe ich ihnen schon auch hin und wieder gesagt, wie sehr wir im und nach dem Krieg hungern mussten und dass wir uns über jedes Stückchen Käse, Wurst oder Butter riesig gefreut hätten. Ich konnte es auch nicht leiden, wenn sie Schulbrote vergammeln ließen.

Wurde nach einem humanistischen Bildungsideal erzogen?
Wenn Sie damit meinen, dass bei uns dauernd Goethe und Schiller zitiert wurden, dann muss ich das verneinen. Meine Eltern legten keinen Wert darauf, dass wir die Klassiker in- und auswendig kannten, noch mussten wir unser Wissen vor irgendwelchen Verwandten zur Schau stellen. Dennoch wurde bei uns viel gelesen und diskutiert. Gelegentlich schleppte unser Vater uns in Museen und Galerien. In jedem Saal durften wir dann sagen, welches Bild uns am besten gefallen hat. Das war für mich ein Bildungshöhepunkt. Aber einfach so über Humanismus und Klassiker zu dozieren, das war nicht seine Art. Er musste wohl auch zu viel arbeiten. Und meine Mutter hatte ihre höhere Mädchenbildung. Sie besaß viel Lebensklugheit, aber keinen Ehrgeiz in dem Sinne, dass sie uns anhielt, Goethes »Hermann und Dorothea« auswendig zu lernen.

Spielte die Politik eine Rolle?
Meine Mutter war auf das 1919 neu eingeführte Wahlrecht für Frauen überhaupt nicht vorbereitet. Sie hörte zwar immer genau hin, wenn mein Vater über das Weltgeschehen philosophierte. Aber sie hatte wohl keine eigene Meinung. Mein Vater war der Ansicht, dass wir versuchen müssten, auch ohne Monarchie zurechtzu-

kommen. Meine Eltern waren im Kaiserreich aufgewachsen, aber einsichtig genug, darauf verzichten zu können.

Hat Ihr Vater noch Hitler kommentiert?
Mit Sicherheit wird er das getan haben, aber nicht vor uns Kindern. Bei heiklen Themen hieß es immer: »Not in front of the children.«

Ihre Eltern verloren nie ein Wort über die jüdische Vergangenheit von Großvater und Großmutter Pick?
Nie, auch die Großeltern nicht.

Aber warum? Hat sich die Familie für dieses Judentum geschämt?
Die großelterliche Familie wollte völlig integriert sein und war streng protestantisch. Ich glaube, dass diese Sehnsucht nach totaler Assimilierung einer der großen Irrtümer des deutschen Judentums gewesen ist. Viele waren der Meinung, sie könnten sich am vollständigsten anpassen, wenn sie Christen würden und Deutschland als ihr Vaterland priesen und als letzten Beweis dafür mit in den Krieg zogen, fielen oder befördert wurden. Auf diese Weise hofften sie wohl, nicht mehr mit ihren jüdischen Ursprüngen in Verbindung gebracht zu werden.

Sie haben ihre eigenen Traditionen verleugnet.
Diese Entwicklung begann bereits mit Moses Mendelssohn im 19. Jahrhundert. Es war eine gewollte Emanzipation, um aus den Ghettos herauszukommen. Meine Eltern kamen nie auf die Idee, uns diesen historischen Prozess zu erklären. Ich weiß auch gar nicht, wie sie das

hätten anstellen sollen. Wir waren ja noch viel zu klein, als sie starben.

Mich erinnert das an die Geschichte von Helmut Schmidt, dessen Vater der uneheliche Sohn eines Juden war.
Bei Helmut Schmidt war das wirklich extrem.

Im Vordergrund stand dabei aber nicht das Judentum, sondern der familiäre Skandal der Unehelichkeit. Es handelte sich in seinem Fall auch nur um die väterliche Linie. Bei Ihnen ist es dagegen anders. Ihre Mutter war Jüdin und nach dem mosaischen Glauben kann nur die Mutter die jüdische Religion weitergeben. Das heißt, dass Sie Jüdin sind, Frau Hamm-Brücher.
Meine Mutter hätte das abgestritten. Sie ist – wie ihre Eltern – nie in ihrem Leben in einer Synagoge gewesen und mein Vater war ein hundertprozentiger Westfale. – Ich war von den Nürnberger Gesetzen betroffen und galt als »Halbarierin«, meine Mutter galt als »Nichtarierin«.

Mich wundert, dass Sie bei diesem Thema letztlich die Naziterminologie beibehalten haben. Nach dieser waren Sie zuerst »Halbarierin« und später »Halbjüdin«, obwohl Sie von Ihrem Selbstverständnis eine Christin sind und vom jüdischen Selbstverständnis eine Jüdin – also ohne ein wie auch immer geartetes »Halb« davor.
Meine liebe Sandra Maischberger, ich muss das korrigieren. Ich habe nie davon geredet, ich sei eine »Halbjüdin«. Ich habe immer und auch eben hier gesagt, nach den Nürnberger Gesetzen galt ich als »halbarisch«, als »Mischling ersten Grades«. Mit diesen Begriffen muss man vorsichtig umgehen, aber es gibt keine anderen.

Nur allzu leichtfertig verwendet man den Ausdruck »Halbjüdin« und will damit ausdrücken, dass der eine Elternteil jüdischer, der andere christlicher Religion ist.

Das ist wahr.

Die Nürnberger Gesetze waren völlig verrückt. Nach ihnen war es eine weitere Diskriminierung, wenn man »halbjüdisch« und nicht »halbarisch« war. Auf der so genannten Wannsee-Konferenz im Januar 1942 hatten die Nazis sogar ernsthaft überlegt, in den Pässen von »Halbjuden« statt des »J« ein »Halb-J« einzutragen. Glücklicherweise konnte man sich auf dieser Konferenz nicht über das weitere Schicksal von uns »Mischlingen« einigen. Die »Endlösung« der Judenfrage war ja schon eine beschlossene Sache. Aber sollten wir in einem nächsten Schritt, wenn alle Juden umgebracht waren, auch deportiert werden? Oder in ein Arbeitslager eingewiesen und sterilisiert werden? Davor hat uns dann der liebe Gott und der verlorene Krieg gerettet.

Haben Sie Ihrem Mann vor Ihrer Heirat von dem vermeintlichen Stigma erzählt?

Natürlich. Ich habe ihm alles berichtet, ohne ein Drama daraus zu machen. Ihm war mein »Webfehler« so egal wie nur irgendetwas.

Welches Verhältnis hatten Sie zu diesem Judentum in Ihrer Familie nach dem Krieg?

Eine Zeit lang dachte ich daran, zu konvertieren. Nach alldem, was man Juden angetan hatte, wollte ich jüdisch sein. Ein Rabbiner, mit dem ich darüber sprach, sagte offen zu mir, dass ich diesen Glauben nur aus Protest

annehmen würde, um etwas wieder gut zu machen. »Das lassen Sie mal schön« –, mit diesen Worten beendete er unser Gespräch. Ich blieb Protestantin und diese Entscheidung war richtig gewesen. Stattdessen habe ich mich von Anfang an für die christlich-jüdische Zusammenarbeit eingesetzt und sehr viele gemeinsame Kirchentagsveranstaltungen organisiert. Für mein christlich-jüdisches Engagement wurde ich Anfang der neunziger Jahre mit der Buber-Rosenzweig-Medaille ausgezeichnet.
Einen Arbeitskreis, der die christlich-jüdische Zusammenarbeit zum Ziel hat, gibt es heute noch. Diese Erfahrung hat mir viel gegeben. Wir luden Rabbiner ein, die uns halfen, das Alte Testament besser zu verstehen. Auf diese Weise bekam ich Einblick in den Religions- und Kulturkreis meiner Vorfahren.

Gab es nach dem Krieg nicht auch eine Strömung, die alles, was mit dem Judentum zusammenhing, gut fand?
In intellektuellen Kreisen wurde es sogar bewundert. Aber nicht im »Volk«.

Das war Ihnen fremd?
Ich war vernünftig genug, um einzusehen, dass sich die Abgründe mit einem demonstrativen Verhalten nicht überbrücken ließen. Aber es ist beschämend, dass Antisemitismus und seine Ursachen in den ersten fünfzehn Jahren nach dem Krieg nicht wirklich thematisiert wurden – außer in diesen kleinen intellektuellen Zirkeln. Ich habe sogar erlebt, dass mir Leute, die von meinem »Webfehler« wussten, sagten, bitte, rede nicht davon und von Politik schon gar nicht.

Ist das wahr?
Wenn darüber getuschelt wurde, dann mit Sicherheit 1962, als Mitglieder der oberbayerischen FDP versuchten, mich aus dem Bayerischen Landtag hinauszukatapultieren.

Und was wurde da geredet?
Ich sei doch eine »Halbjüdin« und mit so einer könne man nicht zusammen in einer Partei sein und deutsche Politik machen.

Hat man Ihnen das auch direkt gesagt?
Nie. Ich habe aber oft gespürt, dass sich meine Kollegen solche Gedanken gemacht haben. Und in der Zeit nach 1982 wurde ich auch deswegen ausgegrenzt. Wegen meiner offen geäußerten Abscheu über die Art des Sturzes von Helmut Schmidt war ich in der FDP-Fraktion ziemlich isoliert. Ich hörte förmlich, wie geraunt wurde, na, bei der ist es auch kein Wunder, die gehört ja sozusagen gar nicht ganz zu uns. Das Ausgrenzung zu nennen, wäre eine Verharmlosung.

Das ist Antisemitismus, oder?
Ja und nein. Meine Kritik und Distanz zu allen Kungeleien trug auch zu meiner Isolierung bei. Eigentlich hatte ich ganz schön viel auszuhalten.

Und trotz dieser absurden Erfahrung hatten Sie Hemmungen, an Ihre Familientradition heranzugehen?
Das hat doch gar nichts miteinander zu tun! Und was eine Familientradition betrifft, die kannte ich ja gar nicht und die gab es schon lange nicht mehr. Es gab ja niemanden, der mir davon hätte erzählen können. Eigent-

lich beschäftigte ich mich zum ersten Mal damit, als eine Frau, die in der Dresdner Gesellschaft für Christlich-Jüdische Zusammenarbeit tätig ist, mir kürzlich ein kleines Buch schickte, das Kurzbiografien von jüdischen Familien in Dresden enthält. Mitarbeiter dieser Organisation kamen auf die Idee, ein solches Buch herauszugeben, nachdem sie die wunderbaren Tagebücher von Viktor Klemperer gelesen hatten, in denen übrigens auch zwei meiner Tanten erwähnt werden. Die Mitarbeiter der Dresdner Gesellschaft für Christlich-Jüdische Zusammenarbeit glaubten, bei den Recherchen auch das Grab meiner Großeltern auf dem jüdischen Friedhof in Dresden aufgetan zu haben. Das stimmte aber nicht. Sie waren auf dem christlichen Waldfriedhof bestattet und mein Mann hat die Urnen der Eltern und Großeltern in den sechziger Jahren nach München holen können. Seither sind meine Eltern und meine Großeltern auf dem Münchner Waldfriedhof bestattet. Aber unabhängig davon: In diesem kleinen Buch sah ich zum ersten Mal eine Art Stammbaum der Großfamilie Pick. Alle Lebensdaten der alten Generation endeten schrecklich. Nur die jüngere Generation, die rechtzeitig auswanderte, überlebte. Wie der Bruder meiner Mutter, unser Vormund, der 1938 nach der so genannten Pogromnacht noch in letzter Minute nach England fliehen konnte. Dort ließ er sich dann von seiner Frau, die in Deutschland geblieben war, scheiden, damit sie nicht länger weiteren Bedrohungen ausgesetzt war. Er überlebte in England, kam nach dem Krieg zurück und heiratete seine Frau wieder.

Mir liegt das nicht, aber wenn ich Michel Friedman wäre, würde ich jetzt darauf herumreiten, dass Sie in Ihrer Generation die Assimilierung weiter vollzogen.
Das ist schon klar.

Kein Kommentar?
Nein, es gab und gibt keine Assimilierung drei Generationen zurück. Als die Entscheidung zur Assimilierung fiel, war ich, war auch meine Mutter noch gar nicht geboren. Auch nach dem Krieg war niemand aus meiner Familie bereit, sich zu diesem Thema zu äußern. Der Bruder meiner Mutter, der leider bald nach seiner Rückkehr nach Deutschland starb, war und blieb immer streng katholisch.

Mit einer bestimmten Radikalität?
Aber zugleich auch angstbesetzt. Unsere Geschichte hat zweifelsohne eine gewisse Tragik. Wir dachten nicht an den klugen Propheten Salomon, der uns gesagt hat, dass Gott uns eine Last auflädt, aber auch hilft. Für mich wurde auch ein Wort des Propheten Jesaja im Kapitel 60, Vers 1, wichtig, den ich von einem Pfarrer der Bekennenden Kirche zur Konfirmation erhalten hatte: »Mache dich auf, werde Licht; denn dein Licht kommt und die Herrlichkeit des Herrn geht auf über dir!« Es folgt dann ein zweiter Vers, den ich aber erst später entdeckt habe, der aber auch sehr zutreffend ist: »Denn siehe, Finsternis bedeckt das Erdreich und Dunkel die Völker; aber über dir geht auf der Herr und seine Herrlichkeit erscheint über dir.«

Wenn man Ihren Lebensweg ansieht, klingen diese Aussprüche wie eine Weissagung. Bei all dem Unglück, das

Sie verfolgte, hatten Sie immer eine schützende Hand über sich. Sehe ich das richtig?
So verstehe ich auch mein Leben, als einen schwierigen, beschützten und auch gefährlichen Weg. Man kann es auch ganz profan ausdrücken und sagen: In allem Unglück hatte ich immer wieder Glück.

Ist das Vorsehung?
Ich habe ja schon einmal bekannt, dass ich an Gottes gutes Geleit glaube. Das ist entscheidend, der Glaube, der mehr bewirken kann, als Menschen es vermögen.

Sind Sie ein tiefreligiöser Mensch? Bei dem, was Sie getan haben, ist mir das bislang nicht aufgefallen.
Es ist sehr heikel, den eigenen Glauben vor sich herzutragen wie eine Monstranz. Manche unterstellen mir, ich sei gläubig, um als etwas Besseres zu erscheinen. Andere halten es für wichtigtuerisch, wenn ich sage, dass ich aus christlicher Überzeugung diesem oder jenem Gesetz nicht zustimmen kann. Ich litt unter solchen Unterstellungen. Aber nicht nur in der Politik ist es mit dem christlichen Glauben und dem Bekenntnis dazu schwierig, auch bei meinen Kindern ist es mir nur selten gelungen. Vielleicht war es aber doch nicht vergebens.

Ich würde gerne noch einmal auf das Wort »Assimilierung« zurückkommen. Im Jahr 2002 tauchte in einer Rede bei Otto Schily der Satz auf, die beste Form der Integration sei letztlich die Assimilierung. Können Sie dieser Aussage angesichts Ihrer Familiengeschichte zustimmen?
Dass Juden in Deutschland – und übrigens auch in Frankreich und in vielen anderen Ländern – dafür votierten, dass sie nicht länger als Juden auffallen wollten, vielleicht

sogar eine christliche Religion annahmen, das hängt unweigerlich mit den Judenverfolgungen seit dem Mittelalter zusammen. Juden haben geglaubt, dass sie mit der christlichen Taufe auch das jüdische »Stigma« losgeworden seien. Verständlich ist das. Dabei ist das Christentum, geht man auf seine Wurzeln zurück, eine jüdische Reformreligion. Sie können das alles bei Martin Buber nachlesen. Jesus Christus wollte keine eigene Religion stiften, sondern das Judentum erneuern. Seine Lehre ist eine Abspaltung von der jüdischen und insofern keine völlig eigenständige Religion. Für mich ist es wichtig, immer wieder darauf hinzuweisen, dass es die heute gültige strikte Trennung zwischen der jüdischen und der christlichen Glaubenslehre ursprünglich nicht gab.

Aber für die Christen war Jesus der Messias und für die Juden nicht. Fing nicht damit das Problem an?
Aber im Grunde ist es egal, ob er der Messias war oder nicht, er war ein Erlöser.

Es bleibt aber die Frage, ob eine Gesellschaft mit verschiedenen Kulturen den größeren Zusammenhalt hat, wenn alle sich auf eine verständigen?
Früher vielleicht, aber heute nicht mehr. Wir haben gelernt, Pluralität zu akzeptieren. Dennoch geht es um mehr: Uns muss bewusst werden, dass auch bei uns Mitbürger anderer Kulturen, Religionen, Traditionen und Lebensweisen leben. Wenn sich alle Völker und Religionen dieser Erde einigen könnten, die drei Werte – Menschenrechte, Gleichberechtigung und Rechtsstaatlichkeit – nicht nur zu tolerieren, sondern auch zu praktizieren, dann wäre eine weitergehende Assimilierung meiner Meinung nach gar nicht mehr notwendig.

Wir beide wissen aber, dass ein solcher Ansatz stark vom Kopf bestimmt ist. Es ist leichter, sich für einen Verhaltenskodex zu entscheiden, wenn er, wie bei Religionen, eine Herzensangelegenheit ist. Fehlt bei Ihrer Ansicht nicht dieses religiöse Element?
Natürlich ist dieser Konsens eine rationale, eine Kopfentscheidung, aber eine, die man aufgeklärten Menschen zumuten kann.

Bleibt dennoch nicht die Gefahr, dass sie nicht akzeptiert wird?
Ja, und das erleben wir ja auch. Aber die Alternative müsste dann wieder heißen: Ihr müsst euch alle anpassen, ihr dürft nicht anders sein, ihr müsst euch assimilieren und integrieren. Und wenn ihr das nicht wollt, dann gehört ihr nicht dazu. Für die Umsetzung meines Ansatzes braucht man Geduld. Menschen anderer Kulturen können nicht dazu gezwungen werden, die genannten drei Grundwerte anzuerkennen. Der Islam kennt weder die Gleichberechtigung noch die Menschenrechte oder den Rechtsstaat. In moslemischen Ländern gilt die Sharia und nach dieser Rechtsordnung werden Menschen, denen Verbrechen angelastet werden, gesteinigt oder es wird ihnen die Hand abgehackt. Hieran wird sich so schnell nichts ändern. Es gibt aber reformerische Kräfte, die sich durchaus vorstellen können, die Grundwerte, die ich genannt habe, mit dem Islam und dem Koran in Einklang zu bringen. Das Problem ist, dass sich die arabischen Kulturen und die islamische Religion seit dem Mittelalter kaum weiterentwickelt haben. Dazu müssen wir christlichen Abendländler noch viel lernen, statt zu bluffen.

Was, Sie bluffen? Ist das wahr?
Ja, das bleibt nicht aus. Denn wir sind nun mal nicht allwissend. Bekomme ich beispielsweise nach einer Rede zu hören, es sei ja toll gewesen, was ich alles wüsste, und werde dann gebeten, doch da oder dort als Festrednerin zu diesem oder jenem Thema aufzutreten. Ich muss den betreffenden Personen, die mich engagieren wollen, dann meistens sagen, dass ich leider gar nicht mehr wisse als das, was ich schon geäußert hätte. Da muss ich doch zuvor geblufft haben.

Bei welchen Themen haben Sie am meisten geblufft?
Mag ich das bei klassischen Bildungs- und Politikfragen nicht gerade getan haben, aber mit Sicherheit bei meinen Überlegungen zu den Ursachen für den »Clash« der Kulturen und Religionen dieser Erde. Auch meine Überzeugung, dass sich bei den asiatischen Religionen viele wichtige Ansätze für unser westliches Leben finden lassen, gründet sich nicht unbedingt auf ein vertieftes Studium. Da fällt mir gerade ein, als der Dalai Lama einmal Herrn Kinkel bei einem Besuch als Zeichen der Dankbarkeit ein Friedensband um den Hals legen wollte, da hat Kinkel das doch tatsächlich abgelehnt. Ich konnte das nicht nachvollziehen. Er war unkundig und das erwies sich als wenig taktvoll. Doch zurück zum »Bluffen«. Wenn ich über asiatische Religionen und den Dalai Lama spreche, dann wollen meine Zuhörer immer mehr über ihn wissen. Dabei habe ich doch nur einmal neben ihm auf einem Sofa gesessen. Petra Kelly wollte mich übrigens dazu überreden, eine Anhängerin von ihm zu werden. Doch das war vergebliche Liebesmühe.

Petra Kelly wollte Sie zum Buddhismus bekehren?
Eigentlich hatte sie ja vor niemandem Respekt, aber wenn sie vom oder mit dem Dalai Lama sprach, dann nannte sie ihn immer »Seine Heiligkeit«. Ich habe sie nie so unterwürfig und sanft erlebt wie im Umgang mit diesem Mann. Sie war von seiner Persönlichkeit und Lehre völlig berauscht. Ob sie am Ende Buddhistin geworden ist, weiß ich nicht.

Konnten Sie die Tragik der Petra Kelly vorhersehen?
Nein.

Aber ihre Kompromisslosigkeit und letztlich ihr unpolitisches Verhalten, das müssten Sie doch besser erkannt haben als andere?
Dazu war ich ihr wohl nicht nahe genug. Deshalb konnte ich die Katastrophe nicht einmal erahnen. Wenn ich sie im Bundestag sah, Händchen haltend mit diesem alten Herrn und Exgeneral, dann dachte ich nur, das kann doch nicht funktionieren. Damit meinte ich nicht die persönliche Bindung. Gert Bastian mochte so alt sein wie er wollte, aber mir fehlte das Verständnis für die öffentliche Zurschaustellung ihrer Beziehung.

Aber unabhängig von ihren privaten Problemen: Petra Kelly hat die politischen Spielregeln bekämpft und sich damit jeglichen Einflusses beraubt. Sie selbst haben doch auch immer in Opposition gelebt. Hätten Sie da nicht früher als andere eine Warnglocke vernehmen können?
Vielleicht. Aber ungefragt mische ich mich nicht gern in persönliche Angelegenheiten ein. Ihre politische Situation konnte ich allerdings gut nachvollziehen. Auch ich war mit meinen Bemühungen um innere parlamentari-

sche Reformen 1989 – nach sechs Jahren Kampf – gescheitert. Anders als Petra bin ich nicht daran verzweifelt. Sie kam mit dem Scheitern nicht zurecht. Aber diesen Unterschied zwischen ihr und mir habe ich erst im Nachhinein begriffen. Auch bei mir folgte eine Bauchlandung der nächsten, aber ich hätte mich deswegen nie mit Selbstmordgedanken herumgeplagt oder mein Leben aufs Spiel gesetzt. Ich erinnere mich noch gut an die Tage, als ich Petra Kelly das letzte Mal gesehen habe. Das war ungefähr ein halbes oder dreiviertel Jahr vor ihrem Selbstmord – oder vor dem Mord, den dieser verrückte Bastian begangen hat, also Anfang der neunziger Jahre. Wir beide waren zu Diskussionsrunden, die die Goethe-Institute in Los Angeles und San Francisco veranstalteten, geladen und verbrachten deshalb zu dritt – Bastian war auch mit dabei – eine Woche in Kalifornien. Ich war damals schon nicht mehr im Bundestag, die Kinder waren bereits aus dem Haus, und so konnte ich wieder alte und neue Kontakte pflegen. Obwohl Petra Kelly ja zum Teil in Amerika aufgewachsen war und fließend Englisch sprach, war sie damals bereits so versponnen, dass selbst ihre Fans, die sie landauf und landab hatte, keinen rechten Kontakt mehr zu ihr herstellen konnten. Sie war auch nicht mehr fähig, ihre großen Visionen – ihre großen Illusionen – zu vermitteln, weil sie sie schon derart verinnerlicht hatte. Als wir eines Abends für einen Auftritt bei einer Fernsehsendung zurechtgetrimmt wurden, unterhielten wir uns zunächst angeregt. Dann mussten wir plötzlich fürchterlich lachen, weil uns die Bemühungen der Visagistin so affektiert erschienen. Später sagte ich zu ihr, dass ich ihren Weg mit Interesse verfolgt hätte, weil sie so viele wichtige Dinge in Gang gesetzt hätte. Aber ich gab ihr auch zu verstehen, sie sei jetzt an einem Punkt angelangt, den ich politisch nicht mehr nachvollziehen könne. Ich könne mir nicht vorstellen, dass sie noch imstande sei, auch nur den geringsten Schritt nach vorne zu machen. Als ich mit dem Sprechen aufhörte, schaute sie mich todtraurig an, wie ein armes kleines Lämmchen. Die Worte, die sie mir dann sagte, werde ich nie vergessen: »Ich weiß, aber ich kann nicht anders.« Vielleicht spürte Petra Kelly in ruhigen Momenten, dass ich es gut mit ihr meinte, aber ganz sicher bin ich mir da auch nicht.

War sie eine Jeanne d'Arc?
Ihr Tod war nicht der auf dem Scheiterhaufen. Aber sie war eine Frau, die einen ähnlichen Lebensweg eingeschlagen hatte.

Aber hat ihre Partei sie nicht zuvor auf den Scheiterhaufen gebracht?
Ja?

Petra Kelly war am Schluss völlig von der eigenen Partei isoliert worden.
Das stimmt. Sie ist nicht mehr aufgestellt worden und bekam auch keine weiteren Hilfestellungen. Wahrscheinlich hatte sie auch kein Geld mehr. Es blieben ihr nur noch die Einladungen, auf denen sie ein paar Reporter und Fans feierten.

Um welche politischen Talente ist es schade, dass sie es nicht geschafft haben?
Wen meinen Sie jetzt?

Nehmen wir zum Beispiel Oskar Lafontaine. Ist es schade, dass er nicht mehr Politik macht?
Mit diesem Mann habe ich so meine Schwierigkeiten. Spontan fällt mir nichts ein. Ich vermag ihn nicht zu etwas hochzustilisieren. Für mich war zu viel Kalkül dabei, als er alles hinwarf. Sein Verhalten war völlig irrational. Lafontaine ist ein Egomane und zwar von einem Ausmaß, dass ich ihn nicht zu den Gescheiterten zählen würde. Er hat sich mit Sicherheit ausgerechnet, dass er irgendwann wieder ganz groß und seine Partei überstrahlend auf der politischen Bühne erscheinen wird.

Sie haben nie geglaubt, dass er sich zurückzieht, weil er genug von den Machtspielen des Herrn Schröder hatte?
Das hätte er sich meiner Meinung nach eher überlegen müssen. Ich habe es meiner Partei auch schwer gemacht und umgekehrt. Aber nie hätte ich den ganzen Kram auf einmal hingeschmissen und mich anschließend mit meinen Kindern auf dem Balkon präsentiert. Diese Vorführung, dieses gesamte Szenario hat mir nicht imponiert. Aber die Frage war ja, um wen es schade ist.

Gregor Gysi?
Um den ist es ausgesprochen schade. Seine Auftritte waren meist ein Erlebnis. Ich habe mich immer gefreut, dass es einen Politiker wie ihn überhaupt gibt. Aber ich verstehe ihn, manchmal hat man die ewigen Knüppel, die einem Gegner und vermeintliche Freunde zwischen die Beine werfen, einfach satt.

Und die Jutta Ditfurth?
Bei ihr finde ich es auch – in Maßen – schade. Sie war ein belebendes Element in der politischen Landschaft, das

mir nicht schlecht gefiel. Aber sie war auch nicht mehr zur Selbstkritik fähig und überschätzte sich maßlos. Eine Tragödie ist natürlich das Schicksal von Ulrike Meinhof.

Ulrike Meinhof?
Ja, ihr Scheitern war ein tragischer Extremfall.

Hätten Sie die gern als Teil des politischen Lebens?
Über eine heutige Ulrike Meinhof kann man nur spekulieren. Ich weiß nicht, wie ich sie heute gefunden hätte. Ihr Irrweg begann meiner Ansicht nach mit dieser deutschen, totalitären Übertreibung von Überzeugungen und mit der Fanatisierung ihres Rechthabenwollens. Sie konnte anderen nicht einmal mehr zuhören. Manchmal überlege ich mir, ob eine Sophie Scholl oder ein Willi Graf, wenn sie noch leben würden, mit einem ähnlichen Fanatismus versucht hätten, alles auszuräuchern, was ihrer Überzeugung nach nicht prinzipientreu war. Ich glaube nicht. Um auf Ulrike Meinhof zurückzukommen, ihr Scheitern war schrecklich.

Die damalige Vorsitzende der Grünen, Claudia Roth, sagte in einer meiner Sendungen, Ulrike Meinhof wäre heute eine gute Familienministerin.
Sie wäre jedenfalls eine blendende Journalistin.

Woran liegt es, dass einer so radikal wird, ein anderer davor aber zurückschreckt? Ist es das Elternhaus, die Umgebung, ein Glaube?
Der/die eine bremst rechtzeitig, der/die andere nicht. Die Gründe sind nicht immer herauszufinden. Als die Mitglieder der Weißen Rose hingerichtet wurden, habe ich mich gefragt, ob ich nicht konsequent wie sie zum Le-

bensopfer bereit sein müsste. Ich wurde darüber sehr krank, bekam eine Lungenentzündung und musste für Wochen in ein Sanatorium. Ein junger Pfarrer von der Bekennenden Kirche, dem ich damals meinen Konflikt erzählte, sagte zu mir – das war Ende 1943: Passen Sie auf der Krieg wird bald zu Ende gehen und nicht alle können aufs Schafott, ein paar von euch müssen übrig bleiben. Das war es, was für mich den Ausschlag gab. Ich habe mich nicht für die Radikalität entschieden, sondern für die Vernunft. Mit einem Mal war mir klar: Ich will etwas für die Zukunft wagen und deshalb will ich überleben. Man kann eine solche Einstellung auch feige nennen, weil ich gekniffen habe. Man kann auch sagen, die wollte nur ihre Doktorarbeit zu Ende bringen. Da muss man sich nichts vormachen. Aber der Opfertod der Freunde und Kommilitonen wurde ein Vermächtnis auf Lebenszeit.

Ich habe auch gelesen, dass Sie einen Moment lang mit dem Gedanken gespielt haben sollen, sich umzubringen. Ist das wahr?
Das stimmt nicht, das kann auch nicht irgendwo stehen. Ich habe nie daran gedacht. Mein nervlicher Zusammenbruch – eigentlich ist das eine falsche Beschreibung –, aber mein Konflikt war – wie schon gesagt – der, dass ich mich fragte: Soll ich mich öffentlich dazu bekennen, dass ich genauso denke und auch die Flugblattaktionen unterstütze, oder soll ich es bleiben lassen? Es war ein Konflikt, aber nie hätte ich mich in einer solchen Situation umgebracht.

In einem Zeitungsbericht stand: »Sie trug sich mit Selbstmordgedanken.«
Überhaupt nicht, überhaupt nicht. Nein.

Gibt es eine vorstellbare Lebenslage, in der Sie sich das Leben nehmen würden?
Nein. Ich würde nur am Ende meines Lebens darum beten, mich nicht zu lange zu quälen.

Gehen wir noch einen Schritt zurück. Sie haben einmal geschildert, dass Sie bei sich im Labor ein Flugblatt der Weißen Rose fanden und es ins Klo spülten. Wörtlich schreiben Sie dann: »Ich war feige.« Haben Sie das Flugblatt gelesen, bevor Sie es der Unterwasserwelt überließen?
Nur ein paar Sätze. Ich begriff sofort, dass dies ein heißes Eisen war, hoch brisant und hoch gefährlich. Erst 1947 habe ich mir über Inge Scholl die einzelnen Flugblätter besorgt.

Wussten Sie zu dem Zeitpunkt der Toilettenspülung, wo das Blatt herkam?
Nein.

Es war ja nicht das erste, fünf gab es. Wurde darüber geredet?
Nein. Bevor der Kreis der Medizinstudenten nach Russland ging – das war im Sommer 1942 –, gab es einen ersten Schub von drei Flugblättern. Nach ihrer Rückkehr schrieben sie zum ersten Mal über die Judenvernichtung, das war dann das vierte. Und das fünfte tauchte erst im Februar 1943 auf. Es war ein Aufruf zum Widerstand, zum Kampf. Aber ich wusste von der Herkunft dieser Flugblättern nichts. Ich hätte mir auch nicht vorzustellen vermocht, dass junge Menschen, die ich kannte, so weit gehen würden.

Sie haben auf das gefundene Flugblatt wirklich nur einen Moment geschaut?
Über die wenigen Sätze, die ich gelesen habe, kann ich Ihnen heute nichts mehr sagen. Ich dachte nur, weg damit, ganz schnell. Wenn mir diese Geschichte gestern – im Gespräch mit den jungen Leuten – eingefallen wäre, dann hätte ich sie als Beispiel nennen können für ein echtes Versagen meinerseits. Ich hätte das Flugblatt zumindest einstecken sollen. An die große Glocke hätte ich es ja nicht gleich hängen müssen, aber ich hätte es durchlesen müssen. Das war wirklich feige. Ich hätte es mir wirklich besser überlegen und keine Angst haben sollen.

Sie zitieren oft Hans Scholl. Auf dem Schafott sagte er noch ...
»Es lebe die Freiheit.«

Und letztlich steht dieser Satz bis heute auf der Fahne Ihres Kampfes. Viele Menschen haben nach der Wiedervereinigung ihre Freiheit wiedergewonnen. Aber nicht wenige sagen, sie ist nicht so viel wert wie unsere Sicherheit, die wir vorher hatten. Sind Ihnen jemals Zweifel gekommen, ob Freiheit als absolutes Gut den Kampf überhaupt lohnt?
Ich war eine der wenigen Politikerinnen der BRD gewesen, die durch meine Kirchentagsarbeit regelmäßig in der DDR war. Dabei lernte ich alle Dissidenten aus dem Bereich der evangelischen Kirche kennen, Jochen Gauck, Friedrich Schorlemmer, Jens Reich und Bärbel Bohley. Weil wir unsere Vorstellungen austauschten, wusste ich, dass es eine Riesenenttäuschung geben würde, falls zwischen West- und Ostdeutschland eine Vereinigung statt-

finden sollte. Darüber machte ich mir keine Illusionen. In meiner Fraktion stieß ich bei diesem Thema immer auf taube Ohren. Als ich in den achtziger Jahren von meinen Reisen aus der DDR zurückkam und beispielsweise von Friedrich Schorlemmer erzählte, interessierte sie sich keinen Deut dafür. Ich hielt diesen Pfarrer für einen der hervorragendsten Köpfe innerhalb der evangelischen Dissidentenbewegung. Ich weiß noch, wie er mich 1984 zum Kirchentag nach Wittenberg einlud. Im Garten des Luther-Hauses ermutigte er junge Christen, Schwerter zu Pflugscharen umzuschmieden. Das ist natürlich nicht gelungen, aber sie hatten ein großes Feuer gemacht und symbolisch diesen Versuch unternommen, obwohl überall Stasi-Leute herumstanden. Diese Aktion der jungen Leute fand ich ausgesprochen mutig und provokatorisch. Im Grunde ihres Herzens waren die Dissidenten aber Sozialisten und sind es bis heute geblieben. Sie mochten den westlichen Kapitalismus nie und konnten sich auch nicht vorstellen, zu einer solchen Gesellschaft zu gehören. Sie wollten eine reformierte, freiheitliche DDR, das war ganz klar. Aber davon wollte weder die FDP noch die anderen Parteien etwas hören.

Haben Sie mit Bärbel Bohley heute noch Kontakt?
Leider nicht.

Gehört sie zu denjenigen, bei denen es schade ist, dass sie kaum noch wahrgenommen werden?
Ja, und bei ihr finde ich es besonders schade. Aber ihre Arbeit in Ex-Jugoslawien ist sehr nützlich. Sie kümmert sich in verschiedenen Hilfsorganisationen um Kinder, die unter dem Krieg besonders leiden mussten. Ihre menschliche Stärke und ihre Tapferkeit sind bemer-

kenswert – auch im Unterschied zu einer Petra Kelly. Als Bärbel Bohley erkannte, dass es mit der Bürgerbewegung und dem Neuen Forum nicht so lief, wie sie es sich vorgestellt hatte, da sagte sie nur, okay, das ist schief gegangen, jetzt mache ich etwas anderes.

Könnte sie mit ihrer Erfahrung Bundespräsidentin werden?
Ja, aber das ist utopisch.

Sie haben jetzt von den Links-Intellektuellen geredet. Aber ist der großen Mehrheit der Bürger in unserem Land die Freiheit wirklich nicht so viel wert?
Emanzipierten Menschen schon. Einige in Ostdeutschland sind das noch nicht.

Aber sieht es in Westdeutschland tatsächlich besser aus?
Im Grunde nicht. Die deutschen Freiheitsideale, die werden leider immer wieder schnell an irgendwelchen Garderoben abgegeben, wenn es um vermeintliche Sicherheit oder um den persönlichen Vorteil geht. Wenn es den Unternehmern ein bisschen schlechter geht, rufen sie gleich nach Investitionen, also nach staatlicher Gängelung.

Sind Sie also doch zu dem Schluss gekommen, dass es in bestimmten Zeiten Dinge gibt, die wichtiger sind als die Freiheit?
Für mich persönlich ist die Freiheit das höchste Gut, vor allem deshalb, weil ich unter der Unfreiheit so unendlich gelitten habe. Und das sage ich auch, obwohl ich im Kampf um Freiheit nicht etwas wirklich Mutiges gewagt habe. Aber das Gefühl zu haben, angstfrei zu leben, sich

nicht mehr bedroht zu fühlen, das ist für mich das Allerwichtigste. Alles andere ergibt sich dann – oder auch nicht. Als angepasste junge Deutsche ohne Freiheit hätte ich kein glückliches Leben gehabt, nicht eine einzige Minute. Deshalb habe ich mich auch in Parteienzwängen nie wohl gefühlt, sie unterliegen ja auch einer gewissen Freiheitsbeschränkung. Und als Abgeordnete dürfen Sie sich beispielsweise nicht einfach zu Wort melden, wenn Sie etwas sagen wollen, erst muss der Fraktionsgeschäftsführer um Erlaubnis gefragt werden, ob Sie sich melden oder ob Sie zu diesem oder jenem Thema eine Initiative ergreifen dürfen. Meistens bekommen Sie ein Nein zur Antwort. Meine Partei hat es mir deshalb sehr übel genommen, dass ich so oft interfraktionell tätig war. Die Reaktionen und Abstrafungen waren bezeichnend dafür, dass die persönliche Freiheit immer wieder eingeengt wird. Viel mehr, als man gemeinhin meint.

Professor Wieland hat seine Freiheit aufs Spiel gesetzt, um Sie zu schützen.

Nicht nur mich. Mein Doktorvater hat im Chemischen Institut in München zwischen zwölf und zwanzig – die genaue Anzahl wurde nie festgestellt – von den Nürnberger Gesetzen betroffene Studenten aufgenommen. Das waren viele. Im Frühjahr 1943, als die Gestapo nach der Verhaftungswelle unter Münchner Studenten bei Heinrich Wieland Erkundigungen über mich anstellte, ließ er keinen Zweifel, dass er sich für mich verbürgen würde. Allein schon durch seine Anwesenheit hat er uns Mut gemacht. Nie ist er zu einer Feier gegangen, wenn vor dem Rednerpult eine Hakenkreuzfahne stand. Er war ein großartiger Mann. Ich habe ihm in Büchern und Artikeln viele Denkmäler gesetzt.

Und warum war er in Deutschland so ein Einzelfall?
Das ist immer wieder die entscheidende Frage. Wenn es beispielsweise an jeder deutschen Universität eine Handvoll solcher Wielands gegeben hätte, dann hätte dieses beschämende Versagen der akademischen Elite erst gar nicht passieren können.

Unsere Geschichte wird aber nicht von derartigen Persönlichkeiten geprägt. Haben Sie eine Erklärung dafür?
Auch viele Hochschullehrer waren – wie die meisten Deutschen – überzeugt, Hitler habe Deutschland vom Joch des Schandvertrags von Versailles befreit, die Arbeitslosigkeit beseitigt und Deutschland wieder groß gemacht. Auch die so genannten Akademiker waren regelrecht infiziert, traditionell auch ziemlich unpolitisch, meist rechts. Andere fürchteten um ihren Job und ihre Karriere und sagten sich spätestens ab 1935, da müssen wir mit den Wölfen heulen. Unsere Universitäten gaben eines der schlimmsten Beispiele, wie man in kürzester Zeit politisch korrumpiert werden kann.

Können Sie mir erklären, warum es in der letzten Zeit einen solchen Entäußerungsdrang mit Nazivergleichen gegeben hat? Sie erinnern sich doch noch an die Äußerung von Herta Däubler-Gmelin?
Die hat mich wirklich vom Stuhl gerissen. Letztlich verglich sie – wohl um von innenpolitischen Problemen abzulenken – Bushs Verhalten im Irak-Konflikt mit der Vorgehensweise Hitlers. Wortwörtlich sagte sie: »Das ist eine beliebte Methode. Das hat auch Hitler schon gemacht.« Es war schlimm und falsch, was sie da gesagt hat, und völlig überflüssig. Ich rief sie zwar später noch an, um ihr zu sagen, dass ich menschlich auf ihrer Sei-

te stünde, was aber nichts an meiner Kritik in der Sache ändere.

Wie kommt sie dazu, so etwas zu sagen, sie ist ja nicht dumm?
Und auch politisch gebildet. Sie ist eine prima Frau.

Warum also sind wir plötzlich versucht, alles und jeden in Relation zu Hitler oder den Nazis zu setzen?
Wer das macht, erregt Aufsehen. Wenn Leuten nichts mehr einfällt, dann ziehen sie solche Vergleiche. Es scheint mir eine Modeerscheinung zu sein.

Aber warum gerade jetzt? Gehen uns die Argumente aus?
Solche Formulierungen hat es immer gegeben, aber nicht in dieser Häufung, das stimmt. Eigentlich hat Heiner Geißler mit seiner Behauptung, dass der westliche Pazifismus der dreißiger Jahre für Auschwitz verantwortlich sei, damit angefangen. Das war anlässlich des Streites um den NATO-Doppelbeschluss Anfang der achtziger Jahre.
Ganz schrecklich war auch diese Phrase von dem Bürgermeister von Korschenbroich, einer Stadt in Nordrhein-Westfalen, ein gewisser Graf Spree, der sagte, der städtische Haushalt könne nur ausgeglichen werden, »wenn man ein paar reiche Juden erschlüge«.

Das ist Antisemitismus.
Allein die Assoziation, die Geißler mit seiner Behauptung weckte, dass Leute, die gegen Krieg und Nachrüstung seien, damit etwas bewirken könnten, das genauso grauenhaft sei wie Auschwitz, das fand ich unverantwortlich

und sagte es auch. Solche Äußerungen muss man wirklich unterlassen. Auch der hessische Ministerpräsident Roland Koch hatte solche Ausfälle und bediente die antisemitische Klaviatur. Als der ver.di-Vorstandsvorsitzende Frank Bsirske das Vermögen der Holtzbrinck-Familie erwähnte, um eine Forderung seiner Gewerkschaft zu untermauern, äußerte Koch im Hessischen Landtag, dass das »eine neue Form von Stern an der Brust« sei.

Sind diese Ausfälle ein Zeichen dafür, dass wir in einer Zeit der Enthistorisierung leben?
Ja, in etwa. Ich würde diesen Prozess als Distanzierung von unserer Geschichte bezeichnen. Bestimmte Ereignisse kommen nur noch in Geschichtsbüchern vor. Aus diesem Grund scheinen auch bestimmte Vergleiche möglich zu werden. Die Menschen, die empört darauf reagieren, werden leider immer weniger.

Sie haben einmal gesagt: »Ich bin die Sorge nie los geworden, dass wir eigentlich eine Schönwetter-Demokratie haben, die noch keine wirkliche Bewährungsprobe bestanden hat.« Momentan gibt es in Deutschland eine sehr schwierige wirtschaftliche Situation und eine neue Standortbestimmung in der Außenpolitik. Glauben Sie, dass wir aus dieser Situation mit einer stärkeren oder einer schwächeren Demokratie hervorgehen?
Wir Deutsche haben uns die Demokratie nie erkämpft, wir haben immer nach verlorenen Kriegen irgendwie *nolens volens* mit ihr herumprobiert. Nach 1945 war es besonders schwierig. Die klugen demokratischen Köpfe waren emigriert, gefallen oder in den KZs umgekommen. Es waren nur wenige Deutsche übrig geblieben,

die, wie zum Beispiel Theodor Heuss oder der jüngere Carlo Schmid, entschlossen waren, es noch einmal mit der Demokratie zu versuchen. Als es uns dann aber damit besser ging, freundeten sich immer mehr Menschen damit an und dachten: Vielleicht ist die Demokratie doch nicht so schlecht, warum sollen wir nicht wählen gehen. Meine politischen Kollegen fanden es aber gar nicht nett, wenn ich darauf beharrte, dass wir nicht vergessen dürften, dass uns die Demokratie nicht in den Schoß gefallen sei. Anfangs beschäftigte mich dieses Problem sehr. – Aber Sie wollen ja eine Prognose von mir. Heute Morgen wachte ich sehr früh auf und dachte darüber nach, wo es in unserer Demokratie momentan knirscht. Allein die ziemlich unergiebige Diskussion um den Reformstau offenbart das ganz deutlich. Jeder plappert von einem Reformstau, von früh bis spät, da wird ein Reformstau im Sozialsystem konstatiert, einer im Wirtschaftssystem und ein weiterer im Bildungssystem. Und ein paar Leute wollen – immer den jeweils anderen – verordnen, wie man damit fertig wird. Für mich ist das eine Beeinträchtigung und Beschädigung unserer Demokratie, zumindest ein Zeichen für ihre Reformunfähigkeit. Man kann nicht immer nur den anderen Reformen abverlangen und in eigener Sache nicht zu Potte kommen, nicht einsichtig sein. Wir müssen einsehen, dass Parteien in schwierigen Situationen zusammenarbeiten müssen. Wenn die Parteiendemokratie nicht endlich damit beginnt, ihren Verlust an Ansehen und Glaubwürdigkeit ernster zu nehmen, und auch zu Reformen in eigener Sache nicht bereit ist, sehe ich für ihre Zukunft ziemlich schwarz – und das ist eigentlich nicht meine Art.

Was ist denn das Schwarze?
Im Grunde ist unsere Demokratie eine Parteienoligarchie. Von den wenigen Leuten, die in eine Partei gehen – es sind etwa 3,5 Prozent der Wahlberechtigten – beteiligen sich vielleicht fünf bis zehn Prozent wirklich an der innerparteilichen Willensbildung. Die große Mehrheit besteht aus Mitläufern oder Parteileichen, das sind Mitglieder, die nie in einer Versammlung erscheinen und sich nie zu Wort melden. Und die wenigen Mitglieder, die wirklich aktiv sind, können sich nur selten gegen das Parteiestablishment durchsetzen.

Und wie ändert man das?
Man könnte zum Beispiel damit anfangen, alle Parteivorstände durch Urwahl der Mitglieder zu wählen. Oder, wie bereits gesagt, die Volksvertreter durch eine offene Zweitstimme wie in Bayern wählen. Oder auch den Bundespräsidenten vom Volk.

Und in einem zweiten Schritt mit mehr Macht ausstatten?
Ja, so würde ich es machen. Der Bundespräsident sollte ein Amt ausüben, das auch mit Rechten ausgestattet ist, wie zum Beispiel in Österreich. Im Prinzip nur als Festredner und Sympathieträger durch die Lande und die Welt reisen zu dürfen, das genügt nicht. Aber dazu müsste das Parlament einen Kandidaten präsentieren, der dies auch wirklich will.

Oder ist das nur wieder die Sehnsucht nach dem starken Führer?
Richard von Weizsäcker hätte eine solche Verantwortung gewollt. Aber er ist so untergebuttert worden.

Vielleicht wurde ihm das Rückgrat gebrochen?
Er wurde eingeschüchtert. Dabei sah er die Demokratiedefizite genauso kritisch wie ich. So sagte er beispielsweise in seiner zweiten großen Rede: »Wir haben eine gute Verfassung, sind wir aber auch in guter Verfassung?« Ich habe diese Frage derart häufig zitiert, dass ich sie auswendig kann.

Sehen Sie denn im Moment jemanden, von dem Sie sagen würden, ja, das ist eine Persönlichkeit, der traue ich das zu?
Es ist immer schwer, Namen zu nennen. Die Volkswahl des Bundespräsidenten ist aber nicht die einzige Möglichkeit, mehr Demokratie zu verwirklichen. Sie verlangt von den Parteien auch nicht wirklich Mumm. Vielmehr könnte ein größeres Demokratiepotenzial erreicht werden, wenn die Parteien nicht mehr die Möglichkeit hätten, ihre Wahlmänner und -frauen zu dirigieren.

Aber Sie sehen auf weiter Flur niemanden, von dem Sie sagen würden, der könnte etwas in Bewegung setzen?
Außerhalb der Parteien gibt es sicher Personen, die dafür sehr gut in Frage kommen würden.

In den Parteien nicht?
Im Augenblick nicht. Vielleicht bin ich nur fantasielos. Joschka Fischer ist wirklich gut, den könnte ich mir noch vorstellen.

Gott bewahre ...
Antje Vollmer fällt mir noch ein. Und wenn es nicht diesen Fauxpas gegeben hätte, dann wäre Herta Däubler-Gmelin eine Politikerin, die das stemmen könnte.

Der Ruck, der durchs Land gehen soll, den einstigen Wahlspruch von Roman Herzog – würden Sie den noch einmal für mich kommentieren?
Ein Ruck nützt überhaupt nichts, wir brauchen viele, viele kleine Rucke. Das Gerede von dem einen Ruck, das ist wieder so eine deutsche Kraftmeierei.

War das als Programm nicht sehr bequem?
Seine gesamte Präsidentschaft hat Roman Herzog doch pressemäßig super hinbekommen.

Im Vergleich zu Richard von Weizsäcker: Wer war der bequemere Bundespräsident?
Herzog. Er war sich immer mit seiner Partei einig, inniger ging es schon gar nicht. Weizsäcker war das nie.

Und Johannes Rau?
Vor ungefähr zwei Jahren baten Richard von Weizsäcker und ich ihn um ein Gespräch. Wir wollten erreichen, dass er sich als Bundespräsident stärker für die Deformation des Grundgesetzes verantwortlich fühlt und dafür Sorge trägt, dass sich Verfassungswirklichkeit und Verfassungstext wieder einander annähern. Hierzu sollte er eine Kommission berufen, eine Art Demokratierat, der die Grundgesetzbestimmungen in den Artikeln 20, 21 und 38 neu überdenken sollte. Ich an seiner Stelle hätte mich darum gekümmert. Das gab ich ihm auch zu verstehen.

Fand er das nicht ungehörig, dass Sie ihm von außen vorschlagen wollten, was er zu tun hätte?
Ja. Aber es geht doch um unsere Demokratie.

Das war wieder ein typischer Hamm-Brücher.
Richtig. Ich war bestimmt keine Sauber-Frau, wie in unserer gestrigen Runde behauptet wurde, aber ich halte viel von Glaubwürdigkeit.

Das hat auch niemand behauptet. Wir haben nur keine Flecken in Ihrer Biografie entdecken können.
Über einen Demokratierat sollte Rau wirklich einmal nachdenken. In Großbritannien gibt es die Royal Commission. Ihr Einfluss ist sehr groß. Nur ein Bundespräsident könnte einen solchen Rat installieren und damit dazu beitragen, dass alarmierende Fehlentwicklungen korrigiert werden. So etwas bräuchten wir unbedingt. Der Präsident würde damit die Zivilgesellschaft stärken und hoffentlich auch von den Parlamentariern ernst genommen werden.

Aber er hat es nicht gemacht?
Das Gespräch war sehr nett, weil wir drei uns gut kennen und verstehen. Am Ende sind wir so verblieben, dass er sich im Herbst 2000 wieder melden wollte. Ich sah ihn zu meinem achtzigsten Geburtstag im Mai 2001 wieder. Er richtete für mich in seinem Schloss ein schönes Essen aus. Als ich mich bei ihm dafür bedankte, sagte ich auch zu ihm: »Herr Bundespräsident, ich warte noch auf Ihren Termin, bei dem wir absprechen wollen, ob und was wir nun in Sachen Demokratierat oder Demokratiestiftung unternehmen sollen.« Seine Antwort fiel sehr vage aus. Wissen Sie, sagte er zu mir, es gibt da so Ärger mit den Parteien. Ich habe sofort verstanden. Schade. Dabei wäre Rau ein Präsident, der dazu prädestiniert wäre, mehr Bürgerdemokratie zu wagen.

LETZTE GESPRÄCHSRUNDE

Hildegard Hamm-Brücher, Sandra Maischberger

Ist es wahr, dass Sie sich Ihren Doppelnamen gerichtlich erstreiten mussten?
Heute ist das vollkommen unvorstellbar, was da passierte.
Es gibt doch noch echte Fortschritte. Als ich 1956 beim Standesamt erklärte, dass ich offiziell einen Doppelnamen führen möchte, gab man mir zu Antwort, dass dies nur Künstlerinnen dürften, aber auch nicht in juristischen Angelegenheiten. Ich könnte mich schon so nennen, dürfte auch mit dem Doppelnamen in Parteiprogrammen stehen, aber auf dem Wahlzettel müsste ich Hamm heißen. Da erwiderte ich: »Na, hören Sie mal, mein Mann ist in einer anderen Partei, der hat überhaupt kein Interesse, dauernd in meine Querelen mit hineingezogen zu werden, und ich habe kein Interesse, nach außen hin ständig mit meinem Mann, einem CSU-Mann, politisch in Verbindung gebracht zu werden.« Für mich hatte dieser Doppelname eine symbolische und existenzielle Bedeutung. Immerhin war mein Mädchenname damals schon ein Markenzeichen.

Und wenn »Brücher« noch nicht so bekannt gewesen wäre, hätten Sie dann den Namen Ihres Mannes angenommen?
Auf keinen Fall.

Warum eigentlich nicht?
Ich finde es schade, wenn eine Frau meint, jetzt bist du verheiratet, jetzt bist du nicht mehr die, die du einmal warst. Natürlich gibt es auch Fälle, in denen die Frau aus Gründen starker Anpassungsbereitschaft den eigenen Namen gerne aufgibt. Dagegen ist auch gar nichts einzuwenden, aber ich habe da eine andere Meinung. Bei einem Doppelnamen können sich auch die Kinder besser vorstellen, dass ihre Eltern zwei verschiedene Menschen sind, die aus ganz unterschiedlichen Familien stammen.

Manche Namenskombinationen arten aber auch aus, bei Elisabeth Noelle-Neumann-Maier-Leibnitz zum Beispiel.
Na gut.

Heute kann man sich entscheiden und sagen, ich bleibe Brücher, er bleibt Hamm. Hätten Sie es so gemacht?
Der Doppelname drückt eigentlich ganz gut aus, was ich sagen möchte. Mit »Brücher« möchte ich mich als eigenständige Person und von meiner Herkunft her identifizieren und mit »Hamm« weise ich auf meine Ehe hin, darauf, dass ich einen Mann gefunden habe, dessen Namen ich nun auch gerne trage.

Manche Doppelnamen sind aber reinste Zungenbrecher. Wie hätten Sie sich entschieden, wenn Sie Leutheusser geheißen hätten und Ihr Mann Schnarrenberger?
Aber Sabine Leutheusser-Schnarrenberger hieß als Politikerin über viele Jahre hinweg nur Schnarrenberger. Oder Leutheusser? Ich weiß das schon nicht mehr. Auch als Bundestagsabgeordnete trug sie noch lange Zeit nicht diesen Doppelnamen.

Das ist gemein, Frau Hamm-Brücher, dass Sie bei ihr den Doppelnamen merkwürdig finden, bei Ihnen aber nicht. Das geht nicht. Wo bleibt da Ihre Prinzipientreue?
Das ist nicht gemein, das ist einfach einfältig von mir. Ich finde es ja auch nicht schlimm, dass sie ihn hat, er ist nur so kompliziert.

Noch einmal nachgefragt: Was hätten Sie gemacht, wenn Sie Leutheusser geheißen hätten und Ihr Mann Schnarrenberger?
Das weiß ich nicht.

Ich bitte um eine Antwort.
Wahrscheinlich hätte ich den Doppelnamen gewählt.

Trotzdem?
Trotzdem. Lachen Sie mich jetzt nur aus.

Hat es geholfen, dass Sie eine Frau Doktor waren?
Sehr.

Besonders im Landtag?
Überall. Ein Doktortitel, noch dazu in der Chemie, das war schon ein Plus.

In einem der ersten Artikel, die über Sie geschrieben wurden, gab Sigi Sommer folgende Charakterisierung ab: »Das Fräulein Brücher bezaubert allein schon durch ihr strahlendes Lächeln.« Von einem Doktortitel ist da keine Rede.
Ich bin schon sehr gut behandelt worden.

Eine typische Erfahrung von Frauen ist doch, wenn man nicht ganz hässlich ist oder schiech, wie man in Bayern sagt, dass am Anfang alle unglaublich nett zu einem sind, dann aber, wenn es wirklich um etwas geht, dann dreht sich jedoch der Spieß um. Haben Sie nicht diese Erfahrung gemacht?
Anfangs wurde ich sogar überparteilich umschwärmt, das änderte sich aber später schlagartig.

Sie haben einmal gesagt, im bayerischen Land herrscht eine Mentalität primitiv-männlicher Superiorität. Können Sie mir dafür ein Beispiel nennen?
Ich war ja die erste weibliche Fraktionsvorsitzende in Deutschland. Meine männlichen Kollegen konnten es anfangs überhaupt nicht fassen, dass ich mit ihnen in der ersten Reihe saß. Als ich auch mit einem Telefon ausgestattet wurde, um – wenn nötig – schnell die Sekretärin anrufen zu können, meinten sie nur: Das braucht die doch gar nicht, die wird sowieso nicht lange im Amt bleiben. Das war unglaublich. Die Protokolle des Bayerischen Landtags strotzen nur von solcherlei sexistischen Sprüchen.

Wirklich derbe. Wurden Sie auch beleidigt?
Als fein und manierlich würde ich den Umgang der Herren mit mir damals nicht bezeichnen.

Hat man versucht, Sie aus der Fassung zu bringen?
Zumindest wollte man mich klein machen, mir die Schneid abkaufen, wie man in Bayern sagt.

Heute nennt man das Mobbing.
Sogar im Deutschen Bundestag, das war in den achtzi-

ger Jahren, musste ich mir noch so einiges anhören. Als ich versuchte, eine interfraktionelle Initiative zu starten, in der es um innerparlamentarische Reformen wie das Rederecht der Parlamentarier und die Auskunftspflicht der Regierung ging, wurde ich als »Nestbeschmutzerin« bezeichnet.

Wobei der Ton in Auseinandersetzungen zwischen Männern …
… auch nicht gerade zimperlich ist.

Gibt es da trotzdem einen Qualitätsunterschied in der Behandlung von Frauen?
Nicht mehr. Ich weiß noch, wie 1969 der amtierende Bundestagspräsident Kai-Uwe von Hassel eine Abgeordnete in einem schicken Hosenanzug wieder auf den Platz schickte mit der Bemerkung: »So dürfen Sie hier nicht auftreten.«

Was war gegen den Hosenanzug einzuwenden?
Es gehörte sich nicht, wenn Frauen im Parlament in Hosen auftraten.

1969 hätte man im Minirock kommen können. Da konnte man doch über Hosen geradezu froh sein!
Der Mini zog erst mit den Grünen in den Bundestag ein, also nach 1983. Auch sie wurden mehrfach deswegen gemaßregelt. Man muss wissen, dass die Bundestagspräsidenten Ende der sechziger Jahre noch im Frack erschienen. Das schrieb die Kleiderordnung damals vor. Was Annemarie Renger an Modenschauen vorführte, als sie von 1972 bis 1976 präsidierte, das können Sie sich gar nicht mehr vorstellen.

Trotzdem: Gab es nicht doch Gemeinheiten gegenüber Frauen?
Frauen wurden lange Zeit nicht ernst genommen. Am Rednerpult durften sie sich über soziale Themen, über Schule und Bildung äußern, zu außenpolitischen, ökonomischen oder Verteidigungsfragen war ihre Stellungnahme nicht erwünscht. Als ich 1976 Staatsministerin im Auswärtigen Amt wurde, ging für die Herren beinahe die Welt unter. Das war ein echter Genscher-Hit, den er da gelandet hatte. Viele hätten mir gern einen Sandkasten geschenkt, um zu demonstrieren, wo ich eigentlich hingehören würde. Als ich zuvor Staatssekretärin im hessischen Kultusministerium wurde, da rauschte noch der Blätterwald. Heute regt es keinen mehr auf, wenn eine Frau einen solchen Posten bekommt. Meist kennt man nicht einmal mehr ihren Namen.

Männlichkeitswahn ist das, was bei dem Regiment der Politiker vorherrscht, weil das politische System eigentlich ein männliches ist – diese Äußerung stammt von Ihnen. Zieht das Parlament Macho-Männer an?
Absprachen und Kungeleien sind eine Domäne der Männer. Neutraler könnte man von Netzwerken sprechen, aber eigentlich ist es schiere Kumpanei. Wer sich mit wem zusammenschließt, wer das Sagen hat – dafür interessieren sich doch Männer viel mehr als Frauen. Bislang jedenfalls – denn auch das wird sich ändern. Ich weiß nur nicht, ob ich »leider« oder »Gott sei Dank« sagen soll.

Wieso galten Sie dann als »der einzige Mann« der bayerischen FDP?
Das wurde immer so gesagt. Ein Loblied auf meine Schneid sollte es sein.

Haben Sie denn nicht diesem Bild entsprochen?
Ich habe diese Bezeichnung gehasst und von Anfang an gesagt, dass sie mir nicht passt.

Warum?
Erstens bin ich kein Mann und zweitens fand ich die Männer gar nicht so gut.

Warum haben Sie es nicht als Kompliment nehmen können?
Für mich waren das nur dumme Sprüche.

Es gibt einen Ausspruch von Ihnen aus dem Jahr 1962: »Es gibt anständige Männer in der Politik, das sind aber die harmlosen.« Gilt das heute noch?
Ein Politiker, der etwas werden will, muss machthungrig und -durstig sein, rücksichtslos und hart. Da können Sie nehmen, wen Sie wollen, ein Politiker, der nach oben will, muss ein paar Mal den anderen bewiesen haben: Ich bin ein ganz Starker.

Aber Sie sind ja auch etwas geworden, also haben Sie ebenfalls ein gewisses Maß an Skrupellosigkeit?
Zum einen war ich nie ganz oben und zum anderen bin ich immer wieder hinuntergefallen. Ich verstehe mich mehr als politische Exotin. Aber nehmen wir mal Roland Koch als Beispiel. Kurz vor der Wahl in Hessen im Februar 2003 portraitierten ihn viele Journalisten. Ein besonders köstlicher Artikel von Heribert Prantl in der *Süddeutschen Zeitung* ist mir in Erinnerung geblieben, in dem über Kochs Jugendzeit und über seine Sozialisation in der Politik berichtet wurde. Von jung auf erwarb er sich den Ruf: Das ist ein doller Kerl, wie der

das schafft, sich mit Tricks hochzuboxen, so einer hat das Zeug, nach oben zu kommen. Wenn ich so etwas lese, muss ich automatisch an die Initiationsriten wilder Völker denken, bei denen die Jünglinge in die Wüste ziehen müssen, um als wirkliche Männer in ihre Dörfer zurückzukehren. Koch musste auch zeigen, dass er ein wirklicher Mann ist.

Sie haben im Jahr 2000 die Äußerung gemacht, der Koch würde wie ein Partei-Mafiaboss wirken.
Das tut er ja auch.

Würden Sie das heute auch noch sagen?
Immer wieder mal zeigt er ja, wie er wirklich ist. Zwar kleidet und verhält er sich viel zivilisierter als zu Beginn seiner Laufbahn. Aber im Grunde hat sich sein Wesen nicht verändert.

Er könnte Bundeskanzler werden.
Der wird es möglicherweise auch. Denn derzeit halte ich es für ausgeschlossen, dass die SPD – wenn sie überhaupt vier Jahre durchhält – erneut an die Macht kommt.

Ist von Roland Koch mehr zu befürchten als von anderen Politikern, die in den Startlöchern stehen?
Ja, sehr wahrscheinlich.

Warum?
Er ist gefährlich populistisch auf hohem Niveau. Seine Äußerungen finde ich wesentlich beklemmender als das ganze kluge Gerede von Herrn Stoiber. Koch würde unser Land so richtig in die rechte Ecke katapultieren. Seine ausländerfeindliche Unterschriftenkampagne anno

1998 war ein Vorgeschmack. Darum ist es auch so peinlich, wenn sich die FDP von ihm vereinnahmen ließe.

Könnte es Frau Dr. Angela Merkel schaffen, die auch einen Doktor der Naturwissenschaften besitzt, Koch aus dem Weg zu räumen?
Angela Merkel überrascht mich immer wieder von Neuem. Ihren starken Machtwillen und ihre Kampfbereitschaft finde ich bemerkenswert, beides hätte ich ihr zunächst gar nicht zugetraut. Lange Jahre galt sie ja nur als das Mädchen vom Kohl.

Ist sie ein neuer Politikertypus?
Völlig neu. Wie sie aussieht, wie sie sich präsentiert, ihre Gleichgültigkeit gegenüber allen Äußerlichkeiten – das zeugt von großer Souveränität. Oder wie soll man das sonst nennen, wenn man sich so wenig vorteilhaft ins öffentliche Bild setzt?

Haben Sie dafür eine Schwäche?
Ich finde Angela Merkels Gleichmut zumindest ungewöhnlich, zumal Frauen in der Politik mittlerweile großen Wert darauf legen, ordentlich auszusehen.

Wird sie möglicherweise an diesem Äußerem scheitern ?
Nein, es ist ihr Markenzeichen und dafür ist sie jetzt schon viel zu weit oben. Sie kann sich erlauben, zu zeigen, dass sie keinen Wert darauf legt, fein angezogen zu sein.

Glauben Sie, die Menschen wählen »so jemanden« zur Bundeskanzlerin?
Das lässt sich heute noch nicht sagen.

Was aber schätzen Sie?
Sie kommt in öffentlichen Disputen sehr gut an und kann Versammlungen überlegen zu ihren Gunsten entscheiden. Ob das dann in der Wahlkabine auch zu einem Kreuzchen führt, das weiß ich nicht.

Wenn es jetzt eine Frauen-Wählerinitiative gäbe, die sagt, Angela Merkel muss Bundeskanzlerin werden, würden Sie sich dieser anschließen?
Also, das ist auch wieder so eine Frage, die ich weder mit Ja noch mit Nein beantworten kann. Wenn die Alternative Merkel oder Koch lauten würde, dann: Ja. In der Auseinandersetzung mit Kohl habe ich sie zeitweise sehr bewundert. Besonders als sie in Reden und Artikeln klar zum Ausdruck brachte, dass sie ihn weghaben will. Aber jetzt ist sie wieder so angepasst. Sie geht viel zu viele Kompromisse ein – ich würde mir es dann doch zweimal überlegen, ob ich bei einer solchen Initiative mitmachen würde. Ich weiß wohl, dass sie nicht viel anders handeln kann, wenn sie die Partei führen will; sie kann sie nicht in Lager spalten und darf keine oder nur möglichst wenige Gegner haben. Im Gegenteil: Ihre Aufgabe ist es, jeden Tag von Neuem zwischen den einzelnen Gruppierungen innerhalb der CDU zu vermitteln. Das ist das Los, wenn man nach Höherem strebt. Ich behaupte mal, dass sie sich in der Fraktion schwerer tut als in der Parteiführung.

War es ein kapitaler Fehler, jemanden wie Friedrich Merz wieder in die Fraktion zu holen?
Diese Entscheidung hat sie selbst gewollt. Sie war auch richtig. Frau Merkel weiß genau, die politische Klaviatur zu spielen, sowohl was die Fraktion, als auch was

die Partei anbelangt. Ihr war klar, dass Merz ihr als Fraktionsvorsitzende viele Schwierigkeiten machen könnte. Das hat er früher ja bereits getan.

Wenn man wie Angela Merkel taktiert, dann ist man doch auf dem wahrscheinlich richtigeren Weg, um das zu erreichen, was Sie nicht geschafft haben?
Vielleicht. Im Grunde habe ich jedoch nur wenig erreicht.

Meine Frage bezog sich nicht auf Ihre Wirkung, sondern allein auf Ihre Ämter.
Das habe ich auch so verstanden. Als Brandt oder auch Schmidt Kanzler wurde, da gab es doch solche Taktiererei noch nicht. Es gab auch nicht so viele Medien. So kommt es mir wenigstens vor. Damals wurden auch im Vorfeld nicht so viele scheußliche persönliche Kämpfe ausgetragen. Heutzutage geht es bereits bei der Positionierung los. Die Konkurrenz zwischen Angela Merkel und Roland Koch und eventuell auch noch Edmund Stoiber hat doch innerhalb der CDU/CSU gigantische Dimensionen angenommen. Helmut Schmidt war immer der Wunschnachfolger von Willy Brandt, darüber bestanden keine Zweifel. Schmidt galt einhellig als ein Mann, der große Verdienste vorzuweisen hatte. Solche Aspekte spielen in unserer heutigen Zeit kaum noch eine Rolle.

Waren nicht eher Helmut Kohl und Franz Josef Strauß die Vorbilder von Angela Merkel?
Bei diesen beiden Rivalen verhält es sich anders. Sie mussten sich nach oben boxen. Wobei Strauß noch eine Nummer brutaler war als Kohl. Strauß nahm keine

Rücksicht, weder auf Leute aus dem eigenen Lager noch auf Gegner. Aber keiner außer Kohl beherrschte es derart perfekt, Konkurrenten zu erniedrigen oder abzustrafen, um nach oben zu kommen. Ich erinnere nur an den Fall Barzel. Angela Merkel hat es wesentlich schwerer, sie hat derzeit nicht so viele Posten zu vergeben.

Wird sie sich durchsetzen?
Ich traue es ihr zu. Es kommt auch sehr darauf an, ob sie gute Berater hat. Ich weiß nicht, wer sie umgibt, aber diese Leute sind sehr wichtig, um Kritik und Angriffe auch aus den eigenen Reihen besser abfangen oder ertragen zu können. Genauso wichtig ist es, dass ihre engsten Mitarbeiter ihr nicht nur schmeicheln, sondern ihr auch mal die Meinung sagen. Bislang scheint sie eine Truppe um sich gesammelt zu haben, mit der sie ganz gut fährt.

In Berlin sagt man, dass sie jetzt in einer Phase ist, in der sie kaum noch Ratschläge von außen zulässt.
Da wissen Sie ja viel mehr als ich. Aber ich habe auch das Gefühl, dass sie sich einigelt.

Ist eine solche Phase gefährlich? Gefährdet sie damit ihre eigene Stellung? Wie ist da Ihre Analyse nach fünfundfünfzig Jahren Erfahrung in der Politik?
Die Politik ist ein Geschäft mit Unwägbarkeiten. Sie können sich heute ein noch so tolles Planspiel ausdenken, morgen sieht alles schon wieder ganz anders aus. Es ist wie mit einem Kaleidoskop, immer wieder verändert sich die Konstellation der Kristalle.

Ist Politik kein Schachspiel, das beherrschbar ist?
Niemals. Die Gegebenheiten ändern sich viel zu schnell,

beim Schach hingegen können Sie in Ruhe den nächsten Zug und seine Folgen überlegen. Wenn ich nur daran denke, dass SPD und Grüne im Sommer 2002 keine Chance mehr für eine Mehrheit im Bundestag hatten. Durch die Flutkatastrophe und den drohenden Irak-Krieg wendete sich plötzlich das Blatt. Auch Kanzlerkandidat Stoiber hat ja noch in der Wahlnacht völlig falsch gelegen, als er behauptete: Wir haben gesiegt, wir haben gesiegt.

Und Schröder war zerknirscht.
Das war wirklich aufregend. Na ja, und jetzt muss die SPD bei den Landtags- und Kommunalwahlen wieder eine Schlappe nach der anderen hinnehmen. Ich jedenfalls kann nicht im Kaffeesatz lesen und schon gar nichts vorhersagen. Das kann niemand.

Wenn Politik von Männerspielen beherrscht wird, gibt es denn eine Garantie, dass es mit einer Bundeskanzlerin wie Angela Merkel besser werden würde?
Weder besser noch anders. Nicht eine Spur.

Großartig. Warum sollen wir dann eine haben?
Angela Merkel hätte dann so viel zu tun, dass sie sich um einen anderen Politikstil nicht kümmern könnte. Sie könnte höchstens bei gewissen Dingen hin und wieder deutlich machen, dass sie eine Verhaltensänderung wünscht. Aber eine fundamentale Umstrukturierung wird sie, nur weil sie als Frau da oben sitzt, nicht vornehmen können – eher als Bundespräsidentin.

Vor der Wahl gab es auch Menschen, die sich wunderbar eine Große Koalition unter der Kanzlerin Angela

Merkel und einem Vizekanzler wie Wolfgang Clement vorstellen konnten. Wäre eine solche Konstellation etwas, was wir tatsächlich bräuchten?
In der momentanen Situation würde ich eine Große Koalition nicht für falsch halten. Eine solche Phase sollte allerdings nicht allzulange dauern, aber eine Zeit lang könnte es wichtig sein, zu zeigen, dass es gemeinsam geht, um aus dem Reformstau herauszukommen. Auch könnte eine Große Koalition dazu beitragen, den momentan stark dominierenden Polarisierungsprozess zwischen den Parteilagern abzubauen. Nur so ließe sich unsere Demokratie wieder stabilisieren. Viele Politiker glauben ja langsam selbst an die Hasstiraden, die sie sich wechselseitig über die Mikrofone an die Köpfe werfen.

Welches Szenario halten Sie für wahrscheinlicher – sollte die jetzige Koalition, wie Sie selbst prophezeien, nicht ihre vier Jahre durchhalten: eine Große Koalition, Rot-Gelb oder Schwarz-Gelb?
Es kommt zu keiner Großen Koalition, eher steht wieder das übliche Wischiwaschi mit der FDP auf dem Programm.

Rot-Gelb?
Die FDP soll gewählt werden, damit – wie heißt der doch ...?

Schröder?
... Kanzler werden kann.

Glauben Sie wirklich, Westerwelle würde das machen?
Bestimmt nicht. Wohl aber Schwarz-Gelb. Tatsache ist, dass viele FDP-Wähler so denken: Wenn ihr Rot-Grün

endlich loswerden wollt, dann müsst ihr FDP wählen, nur so wird eine stabile Alternative erzielt. Das wird sogar ausgesprochen, nur Namen werden noch nicht genannt.

Sie trauen Westerwelle einiges zu?
Im letzten Wahlkampf wurde zwar offiziell die Unabhängigkeit der FDP proklamiert. Aber es wurden auch bereits Gespräche über eine mögliche schwarz-gelbe Koalition angetönt.

Guido Westerwelle und Roland Koch passen aber doch gar nicht zusammen, oder?
Was spielt das für eine Rolle? Die FDP besitzt auch keine Hemmung, mit ihm in Hessen gut Freund zu sein.

Aber das war nicht Westerwelles Wille. In der Bundespartei waren alle gegen dieses Bündnis.
Das ist schon richtig. Auch Wolfgang Gerhardt war nicht dafür. Mittlerweile finden es die Liberalen klasse, denn sie kamen dadurch wieder in die Hessische Regierung, wenn auch nur mit Hängen und Würgen. Koch hat immer wieder betont, wie gut er mit der FDP zusammenarbeiten würde.

Da schüttelt es Sie?
Das nicht, aber manchmal lehne ich Menschen zu emotional ab, eigentlich sollte ich das nicht tun. Aber seine Falschaussagen in der hessischen CDU-Spendenaffäre und ihre angeblich »brutalmöglichste« Aufklärung haben bei mir diese Antipathie erzeugt. Auch die Freundschaft mit Manfred Kanther und diesem ehemaligen Schatzmeister der CDU, Casimir Prinz zu Sayn-Wittgenstein, der auf die Idee gekommen war, die Schwarz-

geldkonten als jüdische Vermächtnisse zu tarnen, sprechen eher gegen ihn.

Schröder hat es ja nicht nur schwer in der Politik, er wird auch ständig von Paparazzis verfolgt, die in jedem Winkel eine Geliebte entdecken wollen. Wie beurteilen Sie diese Lust, im Privatleben von Politikern herumzustochern?
Widerlich. Würde mein Leben so in der Presse ausgewalzt werden, dann wäre das ein Grund, aus Deutschland auszuwandern.

Sind Sie nie verdächtigt worden, einen Geliebten zu haben?
Einmal behauptete ein Journalist in der *Bild-Zeitung*, dass mein Mann und ich uns scheiden lassen würden. Ich weiß noch, wie ich mich darüber aufgeregt habe, obwohl die Sache vorne und hinten erlogen war. Jedes Mal, wenn ich diesen Journalisten treffe, reibe ich ihm das heute noch unter die Nase.

Das war Peter Boenisch.
Nein, der nicht. Der ist anständig. Ich kenne ihn noch aus der Zeit, als ich nach dem Zweiten Weltkrieg als wissenschaftliche Redakteurin bei der *Neuen Zeitung* in München beschäftigt war. Damals war Boenisch ein junger, umschwärmter Mann. Er war Reporter und eilte sofort los, wenn irgendwo Sensationen ruchbar wurden, die damals allerdings noch recht harmlos waren. Aus irgendeinem Grund waren wir an einem Sonntag zusammen in der Redaktion und, weil so gar nichts zu tun war, sind wir ins Kino gegangen und haben Händchen gehalten.

Hätten Sie nicht auch Journalistin werden können?
Wahrscheinlich.

War Ihnen der Beruf auf Dauer zu halbseiden?
Nein das nicht. Eigentlich waren wir eine tolle Truppe. Nicht nur Kästner und Boenisch arbeiteten mit mir, auch Robert Lembke. Er leitete damals die Sportredaktion. Später schrieben auch Alfred Andersch, Hans Werner Richter, Eugen Kogon, Fritz Kortner und Carl Zuckmayer für die *Neue Zeitung*. Diese Zeitung war in den ersten Nachkriegsjahren so etwas wie ein geistiger und politischer Kristallisationspunkt für die Westzonen.

Haben Sie richtig schlechte Erfahrungen mit Journalisten gemacht?
An ganz schreckliche Geschichten kann ich mich nicht erinnern. Aber es gab einmal einen ziemlich gemeinen Bericht in der *FAZ*.

In dieser soliden Zeitung?
O ja. Der Artikel stammte aus der Feder von Friedrich Karl Fromme, dem langjährigen Leitartikler der *FAZ*. Sein Vater, Geheimrat Fromme, wohnte mit seinen fünf Töchtern und diesem Sohn in der Altenzeller Straße in Dresden. Sein Haus befand sich genau gegenüber vom Haus meiner Großmutter. Die Töchter von Geheimrat Fromme und wir zwei Brücher-Mädchen freundeten uns an und spielten viel miteinander. Aber immer, wenn wir etwas gemeinsam unternahmen, musste der kleine Fromme-Nachzügler mitgeschleppt werden. Machten wir Dinge, die wir eigentlich nicht tun sollten, dann petzte er es seiner Mutter. Er war ein typisches Muttersöhnchen, nach fünf Schwestern ist das nur natürlich. Als er

wieder einmal alles seiner Mutter steckte, da habe ich ihn kurzerhand im Sandkasten mit Sand beworfen. Er hat fürchterlich geschrien. Viel später wollte er sich dann wohl rächen. Inzwischen Journalist geworden, schrieb er 1970 in der *FAZ*, es war kurz nach meiner Berufung als Staatssekretärin ins Bundesministerium für Bildung und Wissenschaft, so schlimm könne es mit den Nürnberger Gesetzen bei Großmutter Pick nicht gewesen sein. Sie habe in Dresden in einem schönen Herrschaftshaus gewohnt und mehrmals in der Woche sei dort ein Horch vorgefahren. Der gehörte übrigens unserem Vormund.

Das ist ja ein politischer Skandal!
Selbst Leute, die mich gar nicht persönlich kannten, schrieben Leserbriefe, in denen sie ihre Empörung über Friedrich Karl Fromme zum Ausdruck brachten. Ja, es war perfid und unwahr.

In der Öffentlichkeit sind Sie so beliebt, in der politischen Klasse dagegen nicht. Steht das in irgendeinem Zusammenhang?
Zu den Spannungen mit anderen in der Fraktion kam es, weil ich die Art des Umgangs im Parlament nicht akzeptieren konnte. Wenn ich mich zu Wort meldete, um beispielsweise gegen eine Diätenerhöhung zu protestieren, die an der Öffentlichkeit vorbei verabschiedet werden sollte, dann haben mich manche Kollegen dafür buchstäblich gehasst. Bekam ich das mit, sagte ich, ihr könnt machen, was ihr wollt, aber ich unterstütze das nicht. Damit habe ich einige Leute sehr verärgert.

Wollten Sie mit Absicht die Nervensäge spielen?
Nein, ich verstand es als eine nicht unwesentliche per-

sönliche Aufgabe innerhalb der Fraktion. Als Abgeordnete bin ich – laut Grundgesetz – an »Aufträge und Weisungen nicht gebunden« und nur meinem »Gewissen verpflichtet«. Das war für mich zwischen 1982 und 1990 die wichtigste Verpflichtung. Aber sie war nicht mehrheitsfähig.

Sie hatten schon ein Ausschlussverfahren in den sechziger Jahren, kaum dass Sie die ersten Erfolge hatten. Befanden Sie sich in Ihrem gesamten politischen Leben nicht in einer Minderheit?
Das Verfahren 1962 hatte ich aber nicht der FDP zu verdanken, sondern der oberbayerischen Führungsriege, die von ehemaligen Nazis unterwandert war und mich bei der Kandidatenaufstellung zur Landtagswahl auf den siebzehnten Listenplatz verbannte. Altbundespräsident Theodor Heuss schrieb dazu einen mich unterstützenden Brief.

Verbuchen Sie Ihre Kämpfe als leidvolle Erfahrungen?
Nein. In dieser Zeit habe ich in der FDP eine sehr erfolgreiche Politik gemacht. Ich wurde dann ja sogar zur stellvertretenden Bundesvorsitzenden gewählt.

Das war 1973.
Ich war dies zusammen mit Wolfgang Mischnick und Hans-Dietrich Genscher. Walter Scheel hatte den Vorsitz so lange inne, bis er Bundespräsident wurde. Genau an dem Tag, an dem seine Nierenoperation geplant war, sollte damals auch die Fraktion ihren Kandidaten für das Amt des Bundespräsidenten nominieren. Walter Scheel, der partout Bundespräsident werden wollte, rief uns Stellvertreter daher frühmorgens an sein Kranken-

bett. Mischnick, Genscher und ich saßen auf einem Sofa und der Star, Walter Scheel, lag in seinem Bett und sagte: »So, meine lieben Freunde, ich werde jetzt operiert und wenn ich aufwache, will ich die Meldung lesen, dass die Fraktion mich einstimmig nominiert hat.« Und so geschah es dann auch.

Sie haben einfach diesen Befehl unterstützt?
Zuerst schauten wir drei uns etwas perplex an, aber als wir dann in die Fraktion zurückfuhren, meinte Genscher, dass wir doch dafür sorgen sollten, dass Scheels Wunsch in Erfüllung ginge, das wäre auch super für die Partei. Davon überzeugte er auch die Fraktionsmitglieder und die Nominierung wurde knallhart durchgezogen, so, als hätten wir alle mit Rückenwind vom Krankenbett »Hoch auf dem gelben Wagen« gesessen. Das Lied finde ich übrigens sehr lustig, immer noch.

Aber Walter Scheel diktierte ganz undemokratisch seine Kandidatur!
So war es.

Und Sie haben es einfach hingenommen?
Ja, im Prinzip fand ich es aber richtig. Eine andere Chance hatten wir damals nicht. Wen hätten wir stattdessen aufstellen sollen? Er wurde ein sehr guter Bundespräsident. Ich hätte das zunächst nicht gedacht.

Das Verrückte ist, jeder kennt Sie, und alle denken, die Hamm-Brücher hat mal eine wichtige Rolle gespielt. Aber ein wichtiges Amt, also ein Ministeramt, haben Sie nie erhalten?
Nein.

Wenn die Partei Sie wirklich unterstützt hätte, dann wären Sie doch irgendwann einmal zwischen 1962 und 1982 Ministerin geworden?
Es stand nicht zur Debatte. Zudem musste ich bis 1976 meinen Dienst in Bayern verrichten. Und als ich in den Bundestag kam, da gab es keinen freien Ministerposten. Männer wie Josef Ertl, Genscher und Lambsdorff waren fest platziert. Es war ja auch bereits das zweite Kabinett einer sozialliberalen Regierung unter Schmidt.

Folgt man der Logik, dann mag das ja richtig sein, aber man hätte doch ...
Genscher kam ins Außenministerium, Werner Maihofer wurde Innenminister – da war nichts zu machen. Die Staatsministerin im Auswärtigen Amt passte auch besser zu mir. So war ich auch dem ruppigen Helmut Schmidt nicht direkt ausgesetzt.

Fehlt Ihnen kein Ministeramt?
Nein.

Aber Sie hätten nicht Nein gesagt, wenn man Ihnen angeboten hätte, bayerische Kultusministerin zu werden?
Genau, das wollte ich gerade sagen. Kultus- oder Wissenschaftsministerin wäre ich liebend gern geworden; das hätte ich mir auch zugetraut.

Nur fehlten leider die Wähler?
Die Wähler und eine frauenfreundliche FDP.

Welches Jahr war für Sie das schlimmste in Ihrem politischen Leben?
1982, wegen des Bruchs der sozialliberalen Koalition. In

meinen Albträumen hätte ich mir das Verhalten der Liberalen nicht vorstellen können. Wenig glücklich war ich dann bis 1990.

Ist die FDP heute eine Partei der sozialen Kälte?
Nicht nur der Kälte. Das ist vergleichsweise harmlos. Von Fall zu Fall des Opportunismus und der Machtversessenheit. Das gilt aber für alle Parteien.

Wurde Ihnen damals direkt gesagt, dass es besser sei, wenn Sie verschwinden würden, oder arbeitete man mit einem perfiden System der kleinen Sticheleien?
Nach 1982 war es Mobbing, klassisches Mobbing, auch wenn es diesen Ausdruck zu jener Zeit noch nicht gab. Immer wenn ich in der Fraktion etwas vortragen wollte, kam es zu Unterbrechungen und Störungen. Einmal sagte ein Freund zu mir: »Die wollen dich hier raushaben.« Das Schlimmste für meine Parteikollegen war aber nicht die Tatsache, dass ich gegen das Misstrauensvotum gestimmt hatte, das hatten auch andere, sondern dass ich mit meiner Rede, mit meiner Kampfansage an das ganze Parteiestablishment auch noch so viel öffentliche Zustimmung gefunden hatte. Denn überall, wo ich auftauchte, bekam ich zu hören, das ist doch diese Frau, die so viel Mut besessen hat. Vielfach wurde auch noch nach Monaten dafür applaudiert. Darüber hinaus erhielt ich tausende von Briefen, darunter natürlich auch etliche, in denen ich beschimpft wurde, aber in den allermeisten wurde mir zu meiner entschlossenen Haltung gratuliert.

Eine schlaue Partei hätte Sie hofiert und mit Ihnen ihr Wahlspektrum vergrößert. Die FDP konnte das aber nicht. War das eine große politische Dummheit?

Nachträglich würde ich das so sehen. Aber damals konnte ich mir das Ausmaß des Hasses, das meine Parteikollegen mir gegenüber verspürten, nicht vorstellen, geschweige denn seine Ursachen durchschauen. Wahrscheinlich war das sehr naiv, aber ich begriff nicht, dass ich sie so tief in ihrer Männlichkeitsehre getroffen hatte. Sie konnten mir nicht verzeihen. Hans-Dietrich Genscher habe ich später einmal gefragt, wie es zu diesen massiven Aversionen gegen mich kommen konnte. Er konnte oder wollte es nicht erklären. 1993 hat er sich übrigens nachhaltig, freundschaftlich und öffentlich für meine Kandidatur als Bundespräsidentin eingesetzt.

Sie haben gerade gesagt, dass Sie die ganze Zeit zwischen 1982 und 1990 unglücklich waren. War das nicht eine viel zu lange Zeit?
Ja.

Wieso haben Sie dann durchgehalten?
Ich hätte das vielleicht nicht tun sollen, aber der Drang, »dennoch« zu sagen, war stärker. In der Fraktion bin ich immer leer ausgegangen. Schließlich wurde ich 1987 dann noch außenpolitische Sprecherin der Fraktion. In der Partei hatte ich ja bereits seit 1984 ein erfolgreiches Comeback.

Sie hätten für dieses Amt nicht mehr kandidieren müssen. Warum haben Sie nicht einfach aufgegeben?
Ich wollte meine Initiativen weiter vorantreiben. Das war mir sehr wichtig. Ich fand zu jener Zeit in allen Fraktionen Unterstützung, unter anderem auch von Kurt Biedenkopf. Gefallen hat ihm allerdings nicht, dass ich die Mitstreiter zu Besprechungen immer um Viertel

nach sieben morgens einberief. Solche so genannten Arbeitsfrühstücke waren seine Sache nicht, aber er ließ trotzdem keinen Termin aus.

Gehört Biedenkopf auch zu den Politikern, um die es schade ist?
Er hat sich seine Misere teilweise vielleicht selbst eingebrockt. Dennoch tut mir sein Rücktritt sehr Leid. Er war einer der fähigsten und kreativsten Politiker unseres Landes.

Trägt Ihr Durchhaltevermögen nicht Züge von Masochismus in sich? Oder waren Sie so unempfindlich geworden, dass Ihre Ausgrenzung Sie nicht mehr störte?
Ich wollte den Herrschaften nicht die Freude bereiten, mich kapitulieren zu sehen. Vielmehr fantasierte ich gelegentlich, sie würden wie das Rumpelstilzchen aus dem Märchen der Brüder Grimm vor Freude über ihre Siege tanzen, sich aber am Schluss wütend »mitten entzweireißen«. Darauf habe ich immer mal wieder gewartet.

Und damit waren die Herren Lambsdorff, Genscher und Kinkel gemeint?
Nein, nicht persönlich, sondern die ganze Männer-Phalanx. Klaus Kinkel gab es damals noch nicht. Er fing erst an, eine Rolle zu spielen, als der Vereinigungsvertrag mit der DDR ausgearbeitet und unterzeichnet wurde. Da hatte er als damaliger Staatssekretär im Justizministerium viel und erfolgreich mit Wolfgang Schäuble zusammengearbeitet.

Zeitlich noch einmal ein kleiner Sprung zurück: Sie sollten 1984/85 Bundestagsvizepräsidentin werden. Ihre

Fraktion konnte sich nicht dazu durchringen, die Grünen wollten Sie aber aufstellen. Nun gehen Sie nach vorne ans Rednerpult und lehnen die Kandidatur ab. Sie sagen, das ist zwar ehrenhaft und Sie bedanken sich auch dafür, aber aus Loyalität zur FDP-Fraktion würden Sie diese Kandidatur nicht annehmen können. Und an dieser Stelle verzeichnet das Protokoll Gelächter bei der CDU. Wie fühlt man sich in einem solchen Moment?
So etwas war ich ja gewohnt.

Aber die lachen sich da tot!
Was hätte ich in einer solchen Situation machen sollen? Hätte ich die beleidigte Leberwurst spielen sollen? Oder zu mir selbst sagen sollen, gehe jetzt nach Hause und komme nie wieder? Natürlich hätte ich mich krank stellen und mir lauter Atteste geben lassen können – wie das Männer à la Möllemann zu tun pflegen ... Aber so, wie Sie nachbohren, Frau Maischberger, und zwar mit Recht, begreife ich, dass ich das eigentlich nicht hätte durchstehen sollen, schon aus Selbstachtung und Stolz nicht. Wie der sächsische König hätte ich reagieren und abdanken sollen, mit erhobenem Haupt. »Macht euren Dreck alleene!« Aber wie gesagt, *tempi passati*.

Sie hätten ein paar Jahre für sinnvollere Sachen gewonnen.
Vielleicht. So ist das manchmal. Aber es gab da auch noch diese Gruppe von Freunden wie Gerhart Baum und Burkhard Hirsch, anfangs auch noch Helmut Hausmann, sowie zwei, drei weitere Leute, die längst in der Versenkung verschwunden sind. Wir hatten nach 1982 beschlossen, nicht aus der Partei auszutreten. Wir wollten zusammenhalten und nicht einfach aufgeben. Es gab

sicher noch andere Gründe – unreflektierte –, weshalb ich dabei blieb. Mein Vater hätte mir bestimmt geraten: Schreib auf, was dafür und was dagegen spricht. Das habe ich allerdings versäumt.

Als Sie dann tatsächlich Ihren Rückzug angekündigt haben, konnte ich Ihnen gar nicht mehr folgen. Denn zu diesem Zeitpunkt sollte eine wichtige Aufgabe in der Deutschlandpolitik bewältigt werden, nämlich die Wiedervereinigung.

Mein Entschluss fiel, als mein siebzigster Geburtstag bevorstand, und damit vor dieser historischen Zäsur. Zweiundvierzig Jahre Politik hatte ich damals hinter mir und mir schien, dass dies nun reichte. Eine Kandidatur ist auch eine Frage des Alters. Ich wurde dann zwar noch mehrfach bedrängt zu bleiben, aber zu diesem Zeitpunkt hatte ich schon andere Lebenspläne. Auch war mein Mann der Meinung, dass weitere vier Jahre zu viel für mich wären.

Die DDR-Bürger hätten sicher sein können, dass da jemand gewesen wäre, nämlich Sie, Frau Hamm-Brücher, der sich ihrer annimmt. So könnte man sagen, Sie haben diese Menschen im Stich gelassen, weil keiner im Bundestag sich tatsächlich um sie gekümmert hat, nicht einmal die eigenen Politiker. Die waren längst nur noch mit sich selbst beschäftigt. Und den meisten Westpolitikern fehlte schlichtweg die Sensibilität für die Belange der DDR-Bürger. Die Grünen haben das Bündnis 1990 zwar aufgenommen, aber eher geschluckt. Wäre das nicht noch einmal eine richtige Aufgabe für Sie gewesen?

Das wäre es wohl gewesen. Aber nachträglich kann man das leicht sagen. Ich hatte für mich persönlich bereits eine andere Entscheidung getroffen und ich sah nicht voraus, dass der Prozess des Zusammenwachsens so schwer werden würde.

Hat es Sie geärgert, als Sie merkten, was nach dem Fall der Mauer kam?
Nicht geärgert, aber ein bisschen gegrämt. Ich hatte das Handtuch zu früh geworfen. Aber abgesehen davon: Wer kann schon sagen, dass ich an dieser Entwicklung etwas hätte ändern können?

Weil Sie nicht mehr mit derselben Macht wie zuvor ausgestattet waren?
Ich hatte kein Forum mehr. Außerdem habe ich eine Art, Probleme anzugehen, für die ich keine große Unterstützung gefunden hätte. Heute werden in der Politik vielfach Entscheidungen getroffen, die ausschließlich danach ausgerichtet sind, wie sie bei der Mehrheit der Wähler ankommen. Es war deshalb immer schwierig, mit meinen Vorstellungen einen Fuß auf den Boden zu bekommen.

Wie hätte sich Ihr Leben verändert, wenn Sie 1994 Bundespräsidentin geworden wären? Haben Sie jemals darüber nachgedacht?
Es gab natürlich Planspiele. Aber keine ernsthaften. Zudem hätte ich meinen Mann nicht in einen vergoldeten Käfig einsperren und als Prinzgemahl aufmarschieren lassen können. In dieser Rolle hätte er sich und auch ich ihn nicht gern gesehen. Obgleich er heute behauptet, er wäre, wenn ich Bundespräsidentin geworden wäre, sowieso in München geblieben. Aber dann hätten wir uns nur noch selten gesehen. Übrigens 1998 erschien eine erste kleine Biografie über Gerhard Schröder, in der

nachzulesen ist, dass Schröder 1994 dafür gewesen sei, Rau im dritten Wahlgang zurückzuziehen und mich zu unterstützen. Er hätte sich nur nicht getraut, dies zu sagen. Na, Schröder und nicht trauen?

Johannes Rau konnte gar nicht anders? Der wollte dieses Amt?
Er war sehr fixiert darauf, Bundespräsident zu werden. Und seine Frau auch. Immerhin hat er seinen Ministerpräsidentenposten auf dem Altar der Bundespräsidentschaft geopfert.

Aber erst sehr spät. In einem zweiten Anlauf.
Vielleicht zu spät für eine zweite Amtszeit.

Wäre ein zweiter Anlauf für Sie in Frage gekommen?
Nein. Ich wäre dann zu alt gewesen, siebenundsiebzig oder gar noch älter – dreiundachtzig am Ende der Amtszeit.

Nach 1982 wurden Sie gemobbt, 1994 gab es einen weiteren unwürdigen Umgang mit der Präsidentschaftskandidatin der FDP, Hildegard Hamm-Brücher. Ich habe mindestens zwei Stellen gefunden, wo Sie vor Ihrem eigentlichen Austritt die Partei hätten verlassen können.
Tritt man aus der Partei aus, weil man sich schlecht behandelt fühlt, oder tritt man aus der Partei aus, weil man einfach nicht mehr die politische Linie verantworten kann? Ich bin eigentlich ganz zufrieden damit, dass ich nicht vorher mein Parteibuch abgegeben habe. 1982 hätte ich gleich austreten können, hinterher hätte ein solcher Schritt keine politische Wirkung mehr gehabt. Sie gibt auf, hätte es dann nur geheißen.

Aber schon 1989, als Sie sich von allen Ämtern zurückzogen, sagten Sie, Sie könnten sich in der Politik der FDP nicht mehr wiederfinden. War die Zeit nicht spätestens damals gekommen?
Die achtziger Jahre waren ein Jahrzehnt der politischen Skandale: Es gab nicht nur den Lambsdorff-Prozess und die Parteispendengeschichte, sondern auch die bereits erwähnte Affäre um die Amnestie für die Parteispenden. Und nicht zu vergessen die geschmacklose Wörner-Kießling-Intrige. Der einstige Bundeswehrgeneral Günther Kießling wurde damals verdächtigt, homosexuell zu sein. Mit Glasnost und Gorbatschow folgte dann aber wieder eine spannende politische Phase.

Haben Sie jemals mit Austritt gedroht?
Nie.

Das kam erst unter Westerwelle?
Ich habe zwar immer gedacht, dass ich in der FDP lebenslang eine politische Heimat hätte, aber bei genauerem Hinschauen war das eigentlich nur von Mitte der sechziger bis Ende der siebziger Jahre wirklich so.

Aber Sie sind sich mit Westerwelle und Möllemann einig, die FDP als eine eigenständige Partei zu positionieren?
Dass die FDP keine Koalitionsaussagen machen sollte, war ein Verdikt, das ich immer wieder gepredigt habe; für eine freiheitliche Partei schien mir eine solche Haltung spätestens nach der Kanzlerschaft Kohl die einzig richtige. Die Antwort der meisten meiner Kollegen war zunächst ein kühles Schweigen. Dann aber reifte dieser Kurswechsel. Dennoch glaube ich nicht, dass er noch

lange durchgehalten wird. Die so genannte Eigenständigkeit war und ist bis heute das größte Problem der FDP.

Auf dem Parteitag 1963 kritisierten Sie, dass die FDP nur einem scheinbaren Erfolgsrezept hinterherhecheln würde, nämlich auch eine Volkspartei sein zu wollen. Ich finde es faszinierend, dass Sie das so früh gesagt haben. Weiter sagten Sie, dass dieses bedeuten würde, nur eine Gefälligkeitspartei zu sein, was weder zu ihrer Vergangenheit noch zur momentanen politischen Situation passen würde. Sie waren also immer dagegen, dass die FDP zu groß wird?

Gegen Größe habe ich nichts einzuwenden. Ich bin dagegen, dass die FDP beliebig wird. Eine so genannte Volkspartei muss Konzessionen gegenüber diversen Gruppierungen machen, um alle bei Laune zu halten. Beliebigkeit ist das große Handikap für Parteien, die nicht speziell ideologisch ausgerichtet sind. Aber heutzutage ist es auch nicht einfach, eine Partei so auszurichten, dass sie sich bewusst als *pars*, als Teil eines Ganzen versteht. Ich wüsste aus dem Handgelenk auch kein Rezept.

Da sind wir aber wieder bei dem alten Dilemma: Sie sind ausgetreten und überlassen die Partei sich selbst. Es gibt, wie wir auch schon gestern festgestellt haben, viele Stimmen, nicht nur die von Frau Leutheusser-Schnarrenberger, die sagen, genau jetzt hätte sie nicht austreten dürfen, da sich eine neue Kursbestimmung bei der FDP vollziehen wird. Wo ist Ihr liberales Engagement geblieben?

Ich bin eine zweiundachtzigjährige Frau, was soll ich denn noch bewirken? Ich habe noch im Jahr 2002 bis kurz vor meinem Austritt mit meinen Briefen an den Vorsitzenden beinahe verzweifelt versucht, Einfluss auszuüben. Meine Parteikollegen rissen sich nicht wirklich darum, mich dabei zu unterstützen. Bei aller Freundschaft, die ich für Frau Leutheusser-Schnarrenberger empfinde, ich kann ihren Vorwurf nur an sie zurückgeben.

Wenn Sie die Partei von außen betrachten: Welchen Weg würden Sie ihr vorschlagen?
Die FDP sollte sich wieder auf ihren Kern besinnen: auf das Thema Freiheit und das Thema Verfassungspatriotismus. Auch müsste sie sich überlegen, wie sie mit den Ängsten der Menschen umgeht und wie sie der Entwicklung entgegensteuert, die die Freiheit der Menschen heutzutage wieder bedroht. Darüber hinaus sollte die Partei endlich versuchen, unser Bildungssystem stärker zu öffnen. Noch immer gibt es zu viele Bevölkerungsgruppen, die keine Chance haben, sich weiterzuentwickeln. Auch das gäbe es für liberale Leute genug zu tun.

In Abgrenzung zur CDU und SPD?
Die CDU unternimmt alles, um wieder mehr Auslese zu betreiben. Zur Untermauerung ihrer Haltung zieht sie die merkwürdigsten Studien heran. Und die SPD hat mich enttäuscht, weil sie die Bildungsreform dazu missbraucht hat, eine Selektion in entgegengesetzter Richtung durchzusetzen. Ihre zeitweilige ideologische Verbrämung hatte dazu geführt, nur noch Kinder aus Arbeiterfamilien fördern zu wollen. Dahinter verbirgt sich eine Gleichmacherei, die nicht der Realität entspricht und die ich auch nicht richtig finde.

Wie sollte der Standpunkt der Liberalen beim Zuwanderungsgesetz aussehen?

Eine grenzenlose Öffnung halte auch ich nicht für gut. Sie ist meiner Ansicht auch nicht möglich. Wir sollten uns als Zuwanderungsland mit vernünftigen Regulierungen verstehen. Australien, Neuseeland und Kanada sind da hervorragende Vorbilder. Es ist bemerkenswert, wie diese Länder es schaffen, den Strom der Zuwanderer auf ihren Bedarf hin zu steuern und dennoch offen zu bleiben. Insofern ist es keine Schande, zu sagen, Deutschland ist ein Land mit über vier Millionen Arbeitslosen und trotzdem brauchen wir mehr Menschen, die jung und tatkräftig sind, die Kinder in die Welt setzen und Sozialleistungen erbringen. Wir können es uns aber nicht leisten, alle, die auf der Welt »mühselig und beladen« sind, bei uns willkommen zu heißen.

Und bei der Gentechnologie?

Die FDP befürwortet sie ohne jegliche Einschränkung. Ich persönlich habe da eine andere Ansicht. Wie Hans-Jochen Vogel bin ich davon überzeugt, dass wir Verantwortung vor der Schöpfung und für die Schöpfung haben müssen. Manipulationen, die dazu führen können, dass Menschen geklont werden, zeugen von Respektlosigkeit vor der Schöpfung und nicht zuletzt von Menschenverachtung.

Das ist kein urliberaler Standpunkt, sondern ein christlicher.

Die Verantwortung des Wissenschaftlers in unserer Gesellschaft und für die Zukunft der Menschheit ist ein eminent wichtiges Thema.

Hinsichtlich der Außenpolitik und der EU-Erweiterung haben Sie schon gestern kundgetan, dass für Sie die Türkei dazugehören muss.
Was diesen Punkt betrifft, so hat die FDP hierzu auch noch keine klare Position bezogen.

Bei den Reformen, die den Sozialstaat betreffen, ist mir die Seite der Leistungen klar, nicht aber die Seite der Einnahmen. Wie sollen die Reformen finanziert werden?
Was die FDP jetzt immer als Verantwortung des Bürgers bezeichnet, bezieht sich leider nicht auf mehr Beteiligung und Mitwirkung der Zivilgesellschaft. Ihr Verantwortungsmodell belastet die Menschen, die weniger betucht sind, finanziell stärker als diejenigen, die ihre Beiträge sowieso aus ihrer Portokasse bezahlen können. Das ist ungerecht und unsozial.

Lässt es Sie eigentlich kalt, wenn Sie in den Nachrichten hören oder in den Zeitungen lesen, was die FDP jetzt macht?
Obwohl ich nicht mehr dazugehöre, tut es mir weh, wenn ich etwa von den Allianzen der FDP mit Roland Schill und Roland Koch höre. Gut, wenn es gar nicht anders geht, dann muss man auch mit jemandem koalieren, der einem politisch nicht so liegt, aber Schill und Koch sind zwei Politiker, die die FDP nicht in das Spektrum der koalitionsfähigen Partner einbeziehen sollte. Zwar hat Ruth Wagner, die ich sehr schätze, die FDP in Hessen vor dem Untergang bewahrt, indem sie 1999 mit der Koch-CDU koalierte, aber dennoch ist meines Erachtens nicht alles erlaubt, um an der Macht zu bleiben. Die Liberalen erreichten bei der Landtagswahl im Februar 1999 nur 5,1 Prozent und gingen in die Regie-

rung. Als Stellvertretende Ministerpräsidentin macht Frau Wagner ihre Sache offenbar sehr gut, sie wird auch als Hessens »Mutter Courage« bezeichnet. Sie ist eine Frau, die im Grunde ähnlich denkt wie ich. Ich habe mich oft mit ihr unterhalten, es gibt viele Gemeinsamkeiten zwischen uns, auch kann ich ihre Entscheidung in der Zwischenzeit zumindest nachvollziehen. Ruth Wagner war übrigens die Einzige, die sich auf dem FDP-Parteitag in Nürnberg 2001 gegen die 18-Prozent ausgesprochen hat. Aber dennoch: In der CDU-Schwarzgeldaffäre hat sie Koch die Koalitionstreue gehalten. Und als Koch Ende 2002 mit seinem Judenstern-Vergleich internationale Empörung hervorrief, ließ Ruth Wagner es mit einer öffentlichen Distanzierung bewenden.

Hat sich Frau Leutheusser-Schnarrenberger etwa für die 18-Prozent ausgesprochen?

Sabine hat sich nicht getraut, ihre Kritik öffentlich zu äußern. Ruth Wagner war wirklich die Einzige, die zu bedenken gab, dass sich die FDP mit einer solchen Aktion zu wichtig nehmen und ihre Möglichkeiten überschätzen würde.

Ist es richtig, dass Sie die Zukunft der Partei mit einem Fragezeichen versehen?

Nein, das nicht. Wenn die FDP aber weiterhin nur mit sich selbst beschäftigt ist und mit der Auseinandersetzung, ob Möllemann nun Recht oder nicht Recht hatte, dann werden wir immer weiter am Rande der fünf Prozent laborieren. Auch wird das Parteienspektrum dadurch nicht anders. Oder mir fehlt die Vorstellungskraft dazu. Eine rosige Zukunft prophezeie ich der FDP unter der jetzigen Konstellation auf keinen Fall. Das Sterbeglöckchen jedoch haben wir schon zu oft läuten hören.

Wäre die FDP noch die Partei Ihrer Wahl, wenn Sie sich wieder für einen Eintritt entscheiden würden?
Auch unter anderen Bedingungen würde ich nicht mehr in die FDP zurückkehren. Aber da ich die Blutgruppe P – P für Politik – habe, könnte ich ganz ohne ein entsprechendes Engagement kaum auskommen. Gern würde ich eine Allianz bilden oder unterstützen wollen, die auf eine Erneuerung unserer Parteiendemokratie und auf die Stärkung der Demokratie als Lebensform abzielen würde. Die Parteiendemokratie einzugrenzen und die Bürgerdemokratie zu stärken, das wäre mein Ziel.

Vor fünfundfünfzig Jahren sind Sie in die Politik eingetreten. Die siebenundzwanzigjährige Hildegard Hamm-Brücher würde heute ...
... die hieß da Brücher.

Entschuldigung, die Siebenundzwanzigjährige würde heute vermutlich eine Weile lang im Stadtrat parteilos bleiben. Liege ich mit meiner Annahme richtig?
Wahrscheinlich. Doch erst einmal müsste ich in den Stadtrat kommen.

Sollte Ihrer Meinung nach ein junger Mensch, der politisch anfangen möchte, in eine Partei eintreten?
Was soll ich dazu sagen? Eigentlich ist meine Antwort ein Ja. Aber ich muss aufhören, mich mit solchen hypothetischen Fragen herumzuquälen.

Bitte noch nicht aufhören; jedenfalls nicht gerade jetzt.
Also stelle ich mir vor: Meine Tochter kommt zu mir und sagt, Mutter, ich möchte in den Stadtrat gehen, da könnte ich viel Vernünftiges tun. Nur musst du mir jetzt raten, welcher Gruppierung ich beitreten soll. Da hat meine Tochter nun eine ernst zu nehmende Überlegung angestellt, doch für mich bleibt das Problem, wie ich ihr mit meiner Antwort gerecht werden kann. Sie denkt und lebt alternativ. Vor meinem inneren Auge taucht eine nette Truppe auf, das sind die Grünen. Nur sind die in der Stadtverwaltung inzwischen viel zu gouvernemental.

Da auch schon?
Ja, das ist nur normal. Und dann gibt es noch eine andere kleine Gruppe, das ist diese Ökologisch-Demokratische Partei, die ödp. Mechthild von Walther war ihre Kandidatin für das Amt des Oberbürgermeisters, sie ist eine ganz prima Frau. Vielleicht findet sich hier die Antwort: So einer Gruppe könnte man sich anschließen.

Martin Bangemann hat zu Ihrem fünfundsechzigsten Geburtstag gesagt, eine Partei, in der die Hamm-Brücher bleibt, kann so schlecht nicht sein. Gilt der Umkehrschluss?
Das war eigentlich ein ganz netter Bangemann, nicht?

Erstaunlich nett, ja.
Bangemann ist ein gescheiter und ein unheimlich schlagfertiger Mann. Dass er aber als Wirtschaftsminister und Parteivorsitzender der FDP seine Ämter aufgab, um sie gegen die hoch dotierten Pfründe eines EU-Kommissars

einzutauschen, das war kein Hit. Weitaus schlimmer war dann, dass er sich als Bürochef den einstigen Vorsitzenden der bayerischen FDP, Manfred Brunner, nach Brüssel holte.

Das war doch sicher ein Deal?
Bangemann hat Brunner vor dem frühzeitigen Bankrott gerettet. Und Brunner war ein Freund Jörg Haiders. Schon 1992 gründete er die Stiftung »Demokratie und Marktwirtschaft«, die eine propagandistische Plattform für konservative Strömungen rechts der FDP war. Ihre erste Auszeichnung ging an den ostdeutschen CDU-Politiker Steffen Heitmann, der sich 1993 als Kandidat der Union für das Amt des Bundespräsidenten durch dümmliche rechte Sprüche hervorgetan hatte.

Trotzdem würde ich gern noch einmal auf den Umkehrschluss zurückkommen: Eine Partei, in diesem Fall die FDP, in der die Hamm-Brücher nicht mehr ist, ist schlecht. Würden Sie dieser Aussage zustimmen wollen?
Nein, sicher nicht. Aber da müsste man erst mal bei Herrn Bangemann anfragen.

Sie weichen aus, Frau Hamm-Brücher.
Was soll ich denn dazu sagen? Ich kann das doch gar nicht. Im Übrigen war mir Bangemanns Ausspruch nicht mehr präsent, aber jetzt, wo Sie ihn wieder zitiert haben, kann ich mich daran erinnern. Er tauchte in irgendeiner Laudatio über mich auf. Aber ich will zu Ihrer Aussage eigentlich keinen Kommentar abgeben. Sie stimmt auch so nicht. Man kann sagen, dass eine Partei nicht so schlecht sein kann, wenn ich in ihr bin, aber der Umkehrschluss ist nicht erlaubt.

Sie sind gar keine wirkliche FDP-Frau! Sie haben in früheren Zeiten die Trennung von Amt und Mandat für Ihre Partei durchsetzen wollen.
(*Lacht*) Das mache ich immer noch.

Und Sie haben tatsächlich von einer Doppelspitze gesprochen, von einer kollegialen Besetzung von Führungspositionen. Kein Wunder, dass die Grünen Sie bei Ihrer Kandidatur als Bundespräsidentin unterstützten. Hätte man sich da nicht schon denken können, dass Sie in einer falschen Partei sind?
Die Trennung hätte ich auf jeden Fall eingeführt. Für mich ist sie ein demokratisches Prinzip. Nehmen Sie so begabte Leute wie Fritz Kuhn und Claudia Roth. Nachdem sie ins Parlament einzogen waren und Bundestagsmandate angetreten hatten, mussten sie auf den Parteivorsitz verzichten. Für mich haben sie dadurch an Glaubwürdigkeit gewonnen. Aber ich verstehe auch, wenn Teile der Grünen für eine Auflockerung der strikten Trennung von Amt und Mandat sind. Gegen vernünftige Lösungen im Einzelfall hätte ich nichts einzuwenden. Entscheidend ist, dass es zu keiner fatalen Ämteranhäufung kommt.

Und warum eine Doppelspitze?
Sie brauchen sich nur die Parteiführung der FDP anzuschauen. Sie ist momentan nicht stabil. Westerwelle ist ziemlich angeschlagen. Ich würde ihm – zumindest vorübergehend – zu einer Doppelspitze raten, allein um die FDP wieder zu einer schlagkräftigen Partei zu machen. Eine Doppelspitze wäre ein deutliches Zeichen dafür, dass die Liberalen nicht nur aus Westerwelle und Möllemann bestehen. Politiker wie Wolfgang Gerhardt, Sa-

bine Leutheusser-Schnarrenberger und selbst Gerhart Baum könnte man wieder vorzeigen, desgleichen Rainer Brüderle.

Aber das Gegenteil passiert: Die Leute, die da sind, kämpfen alle um den Platz da oben, und zwar um den alleinigen.
Ja. Und eine der größten Schwächen der FDP sind die Programme. In Schubladen liegen zwar gute Papiere. Sie sind aber ziemlich angestaubt.

Warum wird so wenig Interesse darauf gelegt?
Alles, was nicht mit Tamtam auf und über die Bühne gebracht werden kann, stößt heute in allen Parteien auf wenig Begeisterung. Als ich mit einigen anderen Delegierten auf besagtem Nürnberger Bundesparteitag ein sehr gutes Papier zur Stärkung der Bürgergesellschaft vorstellte, kam es zwar zu Anträgen, die auch verabschiedet wurden, aber das war auch alles. Weder die Aufwertung des Petitionsrechts noch unsere Idee von der Einführung eines Demokratiepfennigs wurde in irgendeiner Form wieder aufgegriffen. Diese Anträge wurden einfach totgeschwiegen.

Hat das mit einer abweisenden Mentalität der Menschen zu tun, die in der FDP sind?
Das ist nicht der Grund. Die Parteiführung hatte nicht die geringste Lust zum Bretterbohren. Sie hat gemeint, dass man heute nur mit vielen flotten Sprüchen weiterkommt, nicht aber, wenn man geduldig und fleißig an der Umsetzung solcher langfristigen Projekte arbeitet.

Würden Sie es akzeptieren, wenn die FDP Sie zu ihrer Vorsitzenden machen wollte?
Nein, das würde weder ich mit zweiundachtzig Jahren noch die Partei – und das zu Recht – wollen.

Welches Wort beschreibt Ihre persönliche Beziehung zur FDP am besten: Ist es eine Koalition, eine Art von Vernunftehe oder eine Verbindung auf Zeit?
Ich bin in die FDP gegangen, weil sie um mich warb. Schließlich sagte ich mir: Diese Partei ist die, die mir am wenigsten schlecht gefällt. Das ist eigentlich die treffendste Beschreibung: Ich wählte die FDP, weil sie mir am wenigsten schlecht gefiel und sie meiner liberalen Blutgruppe entsprach.

Das klingt sehr nüchtern!
Meine Antwort kann nicht leidenschaftlich sein. Eine Partei bietet einen Rahmen, aber keinen Religionsersatz.

Also ist es bei Ihnen ein Pakt auf Zeit?
Nicht unbedingt. Es ist die nüchterne Einsicht, dass Parteien so fehlerhaft sind, wie sie sind, und auch so schwerfällig sind, wie sie sind. Trotzdem hatte ich immer das tragende Gefühl, die FDP gefällt mir am wenigsten schlecht. Eigentlich geht es ja den meisten Menschen auch bei Wahlentscheidungen so. Oft wählt man die Partei, die einem am wenigsten schlecht erscheint. Kann ich Sie mit dieser Antwort von Ihrer Frage befreien?

Ich wollte schon zur nächsten übergehen. Kann es sein, dass Sie eigentlich für ein Parteileben untauglich sind?
Ich würde sogar noch weitergehen und sagen, eigentlich bin ich auch als Politikerin untauglich.

Sie sind eine unpolitische Politikerin?
Eine Politikerin, die sich nicht darauf einlässt, alle Voraussetzungen, die dafür allgemein als notwendig erachtet werden, zu erfüllen.

Weil Sie nicht strategisch, taktisch und kompromissbereit vorgehen?
Ich bin nicht trickreich genug. Mein moralisches Rüstzeug, damit meine ich vor allem die Erfahrungen, die mich während des Dritten Reiches geprägt haben, steht mir hierbei im Weg; möglicherweise liegt es auch daran, dass ich in gewisser Weise Einzelgängerin geblieben bin.

Und Sie haben es auch nicht gelernt?
Ich hätte mich sehr verbiegen müssen, wenn ich zu mir gesagt hätte, komm, Hildegard, du willst Politikerin sein, du willst Erfolg haben, jetzt musst du auch die Kröte schlucken, vielleicht sogar bis du selbst eine bist.

Immerhin ist das ja Ihr Beruf. Muss man das nicht einmal auch so sehen?
Die Schuld an meinem Scheitern als Politikerin will ich nicht auf die Schlechtigkeit der Welt schieben. Erstens sind die Welt und das Leben schön und zweitens ist es ja auch nicht so, dass ich überhaupt keinen Erfolg hatte. Ich bekomme eine Menge Respekt zu spüren. Natürlich weiß ich genau, dass die Welt auch ohne mich leben kann. Aber gerade weil ich das weiß, bin ich, wie Ayla gestern so schön sagte, zur »Dennoch«-Sagerin geworden. Wir sollten vom hohen Ross einer idealisierten Demokratie heruntersteigen. Churchill hatte Recht, als er meinte, die Demokratie sei nur die zweitbeste Staatsform. Manche halten sie sogar für die Schlechteste,

außer allen anderen. Wir sollten jedenfalls mit dieser Errungenschaft nicht überperfektionistisch umgehen.

Als Sie diesen Brief aus der Provinz an Möllemann und Westerwelle schrieben, wollten Sie keine Eins vor der Acht und auch nicht den lächerlichen Kanzlerkandidaten …
… da hätte die FDP doch ein reelles Ziel gehabt. Aber nicht mal die Acht haben sie ganz erreicht.

… mein Gefühl sagt mir, dass Sie sich im Vorfeld solcher Aktionen mit niemandem beraten. Stimmt das?
Ich entscheide das allein.

Sie haben das auch nicht nötig?
Mir fällt das spontan ein. Ich sehe Möllemann und Westerwelle auf dem Tandem herumturnen, na, und dann mache ich mir so meine Gedanken.

Burkhard Hirsch hat einmal gesagt, Sie hören sich zwar den Rat an, den er Ihnen gibt, aber erstens haben Sie sich Ihr eigenes Urteil vorher schon gebildet und zweitens machen Sie sowieso das Gegenteil von dem, was er Ihnen vorgeschlagen hat.
Dabei gehört Burkhard Hirsch zu den ganz wenigen, dessen Rat ich oft befolge und dessen Linie ich voll unterstütze.

Eben. Und wenn der das schon sagt, dann wird einem erst bewusst, wie isoliert Sie Ihre Entscheidungen treffen.
Man muss doch identisch sein mit dem, was einem wichtig ist. Ratschläge kann einem jeder erteilen, aber es geht nicht darum, sie mit einem Kopfnicken anzunehmen. Ich

will doch nicht ohne Überprüfung und Abwägung ein Teil von Burkhard Hirsch sein. Letzten Endes ist wichtig, dass ich bei meinen Entscheidungen eine Hamm-Brücher bleibe.

Aber ein gut gemeinter Vorschlag von Burkhard Hirsch muss ja nicht gleich Ihre Persönlichkeit verändern?
Ich bewundere Burkhard Hirsch sehr. Seine Sturheit ist unglaublich, wirklich dickköpfig ist er. Im Grunde genommen ist er wie ich.

Wären Sie nicht eine einsam entscheidende Ministerin oder Kanzlerin geworden?
Ihrer Vermutung kann ich nicht zustimmen. Bei all meinen exekutiven Ämtern habe ich Teamfähigkeit bewiesen. Wo immer es um die Durchsetzung und Realisierung von Projekten ging, war ich bereit und dankbar für jede Unterstützung und auch für jede Kritik. Im Nachhinein war das die Zeit, die ich am liebsten mochte. In der aktiven parlamentarisch-parteipolitischen Arbeit war ich eine Außenseiterin.

In den Sachfragen nahmen Sie Rat an, nicht aber beim eigenen Kompass?
Die Kompassnadel durfte zwar hin und wieder mal vibrieren, aber eine Richtungsänderung war nicht vorgesehen.

Der Kurs ist bei Ihnen ziemlich festgenagelt?
Im Prinzip ziemlich stur, das gebe ich zu.

Ist das nun gut oder schlecht?
Es ist wahrlich keine Heldentat, wenn die eigenen Prin-

zipien fixiert sind. Ich würde das bei mir auf eine charakterliche Veranlagung zurückführen, vielleicht auch auf eine gewisse Enttäuschung, so wenig wirklich verändern zu können. Dann bin ich lieber stur.

Mutlosigkeit?
Wahrscheinlich besaß ich nicht genügend Mumm, um mich auf ganz neue Wegstrecken einzupendeln. Wenn man erst einmal damit anfängt, kommt man leicht ins Schleudern. Man wird sich immer wieder so verhalten.

Wenn man Ihre Erfahrungen zusammenzählt, die Verfolgung im Dritten Reich, die anfängliche Missachtung im Bayerischen Landtag, später die Ausgrenzung: Kann es passieren, dass man dadurch Vertrauen verliert und möglicherweise blind wird für Kompromisse?
Das würde ich nicht ganz ausschließen. Nach einer Enttäuschung verhärtet man sich unweigerlich. Jedes Mal habe ich mir gesagt, nein, das darf dir nicht noch einmal passieren.

Haben Sie die Fähigkeit verloren, anderen zu vertrauen?
Nicht ganz, aber ich vertraue nicht mehr blindlings. Und das ist auch gut so. Vertrauen Sie blindlings?

Nein.
Sehen Sie! Es wäre in der Politik auch eine Zumutung, jemandem bedingungslos zu folgen. Das ist eine Naivität, die nicht erlaubt ist, die man sich höchstens wenige Jahre lang zu Beginn einer politischen Laufbahn leisten kann.

Dann hat man überlebt oder nicht. Aber ist es ein Makel, wenn man persönlich verletzt werden kann?
Ein Makel ist es nicht, aber es ist schon ein Manko. Wir haben darüber ja schon gestern gesprochen. Um als Politiker durchzuhalten, braucht man starke Nerven und ein dickes Fell. Aber das Fell darf wiederum auch nicht völlig undurchlässig werden. Dann würde man sich in einem gewissen Sinne zu einem Autisten entwickeln.

Ziehen wir Bilanz: Unzweifelhaft haben Sie das Bildungssystem richtig analysiert, Ansätze zur Reformierung der Demokratie gegeben und einen Meilenstein für die Gleichberechtigung gesetzt.
Ich werde sogar in wenigen Wochen bei einer großen Fernsehdiskussion zum Thema »Über fünfzig Jahre Gleichberechtigung« mitmachen.

Ich gratuliere Ihnen dazu.
Ich fand das auch ganz erstaunlich. Aber als ich die Begründung vernahm, war ich wieder sehr ernüchtert.

Und die lautete?
Es würde ja sonst keine Zeitzeugen mehr geben. Ich gelte also bei dem Sender nicht als die große Vorkämpferin, sondern als eine, die man vorführen kann, weil sie noch am Leben ist.

Parteipolitisch haben Sie immer die Rolle des Stachels gespielt. Würden Sie das auch so sehen?
Die Frage nach der Existenzberechtigung einer liberalen Partei musste immer wieder aufgeworfen werden. Das hat zu vielen Missverständnissen geführt, vergleichbar wie bei einer enttäuschten Liebe.

Gestern haben wir Ihnen diesen Ausdruck vorgeschlagen, aber da haben Sie gesagt, Liebe war es nie.
War es auch nicht. Die Freiheit ist die große Liebe von mir.

Fünfundfünfzig Jahre Politik – das ist eine nahezu unfassbar lange Zeit. Ich frage mich, ob Sie jetzt in einer Phase sind, in der Sie nach dem Preis fragen, den Sie dafür bezahlen mussten?
Diese Bilanz ist fällig. Gerade jetzt, nachdem ich keine Parteizugehörigkeit mehr habe. Sollte ich sie aufschreiben, ich würde sie nicht veröffentlichen.

Aber Sie haben ein Gefühl, wie die Gewichte liegen?
Ich muss das, was ich versucht habe, nicht gering schätzen, auch wenn ich nur einen kleinen Teil meiner Reformvorschläge durchsetzen konnte. Einiges wird mit Verzögerung wieder auf den Tisch kommen. Aber im Grunde war der Weg, den ich gegangen bin, nicht vom Erfolg gekrönt. Wenn man zu viel reformieren möchte, dann ist das beinahe so, als würde man sich ständig klösterliche Exerzitien auferlegen. Sicher, es gibt viele Menschen, die ihre eigenen Vorstellungen verwirklichen wollen, aber ich habe es vielleicht zu rigoros versucht, auch zu wenig Rücksicht genommen. Man kann anderen nicht zumuten, was man sich selbst zumutet.

Es kommt aber auch darauf an, wie man Erfolg definiert. Wenn man jetzt eine Umfrage über Politiker starten würde, dann stünden Sie mit Ihrer Glaubwürdigkeit ganz oben auf der Hitliste.
Noch in den neunziger Jahren zählte ich zu den vorbildlichsten Frauen. Steffi Graf nahm den ersten Platz ein, ich den zweiten.

Sie haben den Status einer Ikone auch nur erreicht, weil Sie Ihren Weg so und nicht anders gegangen sind.
Ich habe nie daran gedacht, Ikonenfunktion zu übernehmen. Als ich jung war und anfing, wollte ich meine Mitmenschen nicht allzu häufig mit meinen Projekten belästigen. Also suchte ich mir einen Weg, den ich auch allein gehen konnte. Wie hoch auch immer der Preis dafür war, ich bin mit mir selber im Reinen geblieben.

Sie machen wenigstens keinen unglücklichen Eindruck auf mich.
Stimmt! Was gut war, war gut, was nicht so gut war, war nicht so gut, und was schief ging, das ging eben schief, aus welchen Gründen auch immer. Ich verspüre eine große Dankbarkeit in mir. Ich habe einen Mann und liebe, anständige Kinder, und das ist auch schon etwas.

Ich finde ja.
Es ist das Wichtigste.

Wissen Sie, was mir an Ihnen auffällt? Ihr Lächeln. Selbst auf dem Kinderfoto, das kurz nach dem Tod Ihres Vaters aufgenommen wurde, wo Sie mit Ihrer Mutter und den Geschwistern im Sand sitzen, lächeln Sie. Und Sie lächeln beim Skifahren in Davos, da waren Sie schon Studentin unter schwierigen Umständen im Dritten Reich. Tun Sie das aus innerer Überzeugung oder ist das eine Art von Schutz?
Ich selbst merke es nicht, wenn ich lächle. Aber ich habe schon oft gehört, dass anderen Menschen mein Lächeln gefällt. Manche sagen auch, es ist schön, wenn jemand so lächelt.

Doch den Umständen entsprechend durften Sie zu dieser Zeit, in der die Fotos entstanden, gar nicht lächeln.
Als wir mit unserer Mutter 1932 in dem Ostseebad Bansin Ferien machten, da dachte keiner von uns daran, dass sie ein halbes Jahr später nicht mehr da sein würde. Wir waren alle so glücklich, wir hatten zwar keinen Vater mehr, aber eine so tolle Mutter, die mit uns in diesen Urlaub fuhr und uns so vieles erlaubte. Sie hatte es geschafft, uns eine wunderschöne Zeit zu bereiten. Und wenn ich beim Skifahren gelächelt habe, dann aus dem Grund, weil mir das so unendlich gut tat. Ich kann Ihnen versichern, es gibt noch jede Menge Fotos, auf denen ich nicht lächle.

Insgesamt haben Sie aber eine heitere Grundverfassung beibehalten. In der Branche, in der Sie tätig waren, ist das sicher keine Selbstverständlichkeit?
Es gab immer etwas Schönes in meinem Leben, das mich selbst die düstersten Einsamkeitsphasen ertragen ließ. Und wenn ich nach Hause kam, nahm keiner in meiner Familie Rücksicht, ob ich traurig oder sauer war oder mit irgendwelchen Leuten im Clinch lag. Am Wochenende musste eingekauft und geplant werden und ich musste mir alle Sorgen und Freuden anhören. Dieser Alltag hat mir ausnehmend wohl getan. Hätte ich dieses intakte Familienleben nicht gehabt, ich wäre sicher verbittert geworden. Bestimmt.

Ihr Mann und Ihre Kinder haben Sie davor bewahrt?
Ja.

Wer hat sich eigentlich Ihre Sorgen angehört?
Mein Mann. Aber er hat sie nie so schrecklich ernst genommen.

Hilft das?
Es war wichtig, dass mich dieser Mann nicht nur angehimmelt hat. Seine Ironie holte viele Dinge auf den Teppich der Wirklichkeit zurück. Ich bin ihm sehr dankbar dafür, dass er es zwischen uns nie zum Bruch kommen ließ. Angesichts meiner dauernden Abwesenheit hätte das nahe gelegen. Stattdessen gab es immer etwas zum Lächeln. Aber Sie, Frau Maischberger, Sie lächeln doch auch. Und ich sehe da auch kleine Fältchen um Ihre Augen, süß sind die. Sie bilden einen richtigen Kranz, zwei zeigen nach oben, zwei nach unten und eines ist in der Mitte. Wirklich entzückend. Schauen Sie mal in den Spiegel.

Tendenz steigend.
Nein, überhaupt nicht.

Mit meinen Falten bin ich ganz zufrieden.
Ich auch. Das Leben soll ruhig seine Spuren hinterlassen, auch im Gesicht.

Eine gute Turnerin weiß, dass sie nicht nur nach ihrer Leistung am Gerät beurteilt wird, sondern auch nach dem Abgang, dem Stand und der Haltung. Welche Note würden Sie sich für Ihren Abgang geben?
Für mein gesamtes Leben?

Nur für den jetzt abgeschlossenen Teil Ihres politischen Engagements innerhalb der FDP.
Dann würde ich sagen, dass der Abgang befriedigend bis gut war.

Und der Stand?
Ist exzellent.

Haltung?

Eine Zwei. Ein »Sehr gut« kann ich mir nicht geben, weil die ganze Geschichte doch sehr schmerzhaft war. Ich bin zwar von der FDP abgesprungen und stand auch ganz gut da, aber ich habe Schmerz verspürt. Mich wundert das, denn ich hatte den Abstieg ja schon mehrfach innerlich vollzogen. Aber mich ließen auch die Enttäuschungen der Menschen über meinen Austritt nicht ungerührt. Die Briefe, die sie mir schrieben, haben mich oft sehr traurig gestimmt.

Und die Note beim Turnen, auch ein »Gut«?

In Sport, Geschichte und Religion hatte ich immer eine Eins.

Ich meinte jetzt die Arbeit der letzten fünfundfünfzig Jahre innerhalb der FDP.

Das gute Turnen war sozusagen selbstverständlich.

Was bleibt für Sie noch zu tun?

Aufzuräumen, und zwar in jeder Beziehung. All das Ungeordnete in meinem Leben darf nicht weiter herumliegen. Zudem will ich noch einigen jungen Menschen helfen, ihren Lebensweg zu planen. Ich habe einige Stipendiaten bei meinem Herzensprojekt, der Theodor-Heuss-Stiftung. Und ich möchte mich auch noch gern einmischen: Unser Erziehungssystem muss dringend zukunfts- und demokratiefähig gestaltet werden. Hier gibt es nach wie vor ein gewaltiges Defizit. Es ist so wichtig, dass junge Menschen lernen, wie sie mit Konflikten und Kontroversen gewaltfrei umgehen. Darüber hinaus würde ich gern Menschen um mich sammeln, die sich für meine Grundidee der Demokratiepolitik begeistern lassen. Davon wird mich auch, solange ich noch schnaufen und krauchen kann, nichts abhalten. Ansonsten würde ich noch gern Reisen nachholen, die ich während meiner Zeit im Auswärtigen Amt in größter Geschwindigkeit abwickeln musste. Asien und der Mittlere Osten liegen mir besonders am Herzen.

Wenn Sie ein Thermometer in Ihr Energiereservoir halten, wie ist es damit bestellt für die Aufgaben, die Sie noch vor sich haben?
Dieses Thermometer entspricht meiner tatsächlichen Körpertemperatur. Morgens ist sie relativ normal, nachmittags aber schon an der Grenze zur erhöhten Temperatur. Meine Kräfte reichen nicht mehr aus, um weiterhin Bäume zu pflanzen oder gar auszureißen. Neben dem Aufräumen gibt es jedoch noch eine andere Aufgabe, die ich angehen muss: Sie heißt Loslassen.

Wofür Sie auch viel Energie brauchen werden.
Nicht immer gelingt es mir, bestimmte Dinge zu ignorieren. Nach meinem Unfall musste ich mir ernsthaft sagen, dass ich dieses und jenes nicht länger machen kann. Aber jetzt spüre ich, wie ich wieder frecher werde. Ich habe diese beiden Tage mit Ihnen so wunderbar überstanden. Jetzt weiß ich wieder, dass ich nicht alles aufgeben sollte. Anfragen, die ich vor einer Woche absagte, könnte ich doch noch mal neu überdenken.

Wie Sie selbst behauptet haben, besitzen Sie die Blutgruppe P. Sie haben auch nicht vor, diese völlig zu ignorieren?
Nein. Eine solche Blutgruppe können Sie nicht einfach abschütteln. Deswegen werde ich auch die Laudatio zum

Willy-Brandt-Buch von Peter Merseburger auf der Leipziger Buchmesse Mitte März halten. Es ermutigt ja auch, wenn man noch gefragt ist.

Kann man darauf nicht auch stolz sein?
Es ist eine echte Freude und eine gewisse Genugtuung.

Sie besitzen eine Lebensgeschichte, die kaum einer von uns aufweisen kann. Das ist auch ein Privileg, Sie dürfen das nicht unterschätzen.
Aber auch nicht überschätzen. Das Beste ist jedenfalls: Ich fühle mich nach all diesen Stunden hier wieder ziemlich frisch.

BRIEFE

Von Dr. Hildegard Hamm-Brücher *Später Partei-Wahlabend 25. März 2001*

Gut und ernst gemeinte Ratschläge aus der Provinz an G. Westerwelle und J. Möllemann

An die geschätzten Tandem-Fahrer in spe:

1. *Überlegen Sie doch noch einmal ganz genau, ob der »Enthauptungscoup« (Absetzung von W. Gerhardt) des Herrn W. M. und K. zu Jahresbeginn Erfolg versprechend war und sein wird?*
2. *Die FDP sollte sich beim Abschauen der »Spaßgesellschaft« (Big Brother und Konsorten) nicht mehr anbiedern!*
3. *Sie sollte nicht dieselben – von Rechtsextremisten – vorgeklopften, von einer kopflosen CSU nachgeklopften Sprüche auch noch festklopfen! (Weimar lässt warnen!)*
4. *Lassen Sie den Bundespräsidenten aus dieser und anderen Schlammschlachten heraus. Sie beschädigen damit die Würde des Amtes und seiner Repräsentanten.*

5. *Streichen Sie sofort und ohne neuerliches Tamtam die 1 vor der 8 und die Idee des Kanzlerkandidaten. Dann – und nur dann können wir wirklich wieder »dritte Kraft« werden!*
6. *Besuchen Sie statt dubioser Talk- und Showgeschäfte Schulen, Schulen und noch einmal Schulen bis zu Hochschulen.*
7. *Hören Sie auf, die richtigen, aber falsch gewickelten Reformprojekte der Regierung (z.B. Ökosteuer, Greencard, Mitbestimmung) nur zu verhöhnen, sondern denken und schreiben Sie diese fort, denn es sind auch liberale Themen!*
8. *Konkretisieren Sie endlich den in Nürnberg beschlossenen Antrag zur Stärkung der Demokratie als Lebensform!*
9. *Setzen Sie sich für die Reform des Parteienfinanzierungsgesetzes ein, für die überfällige Aufwertung der Petitions- und Anhörungsrechte der Bürger usw.*
10. *Der Eindruck wird immer fataler (tödlicher), dass in der FDP nur* Männer *das Sagen und* Frauen *das Nachsehen und die Nacharbeit haben! Setzen Sie in Düsseldorf glaubwürdige Zeichen!*

Vielleicht hilft der eine oder andere Ratschlag zu vernünftigen Einsichten.

Dies hofft und wünscht Ihre
Urliberale Hildegard Hamm-Brücher

Dr. Hildegard Hamm-Brücher *9. April 2001*

Herrn
Dr. Guido Westerwelle, MdB
Generalsekretär der Freien
Demokratischen Partei
Thomas-Dehler-Haus
Reinhardtstr. 14
10177 Berlin

Lieber Herr Westerwelle,

vielen Dank, dass Sie mir auf meine »10 Ratschläge aus der Provinz« geantwortet haben und dies sogar überwiegend positiv. Ich habe mich sehr darüber gefreut, weil ich immer mal wieder bedauere, dass niemand aus der heutigen Parteiführung daran interessiert ist, was so alte bis uralte Liberale heute zum Erscheinungsbild der FDP zu sagen haben.

Der Dissens bezüglich der Wege, wie man junge Menschen heute überhaupt noch politisch erreichen kann, sowie ihre Reaktion auf die dummen nationalistischen Sprüche der CDU wird wohl bestehen bleiben, denn dazu müsste ich sehr ausführlich Stellung nehmen, was mir derzeit aus gesundheitlichen Gründen und mancherlei Überlastung leider nicht möglich ist. Ich werde aber mit großem Interesse den Diskussionen auf dem Düsseldorfer FDP-Parteitag folgen und wünsche von Herzen, dass Sie dem Projekt Möllemann Paroli bieten. Auch die Zahl 18 Prozent zu nennen, ist unratsam, wie wir bei jüngsten Landtagswahlen erfahren haben. Es wäre schon ein großer Erfolg. wenn wir bei einem zweistelligen Ergebnis ankämen.

Dafür wünsche ich Ihnen viel Kraft und Ausdauer und verbleibe
mit freundlichen Grüßen

H. Hamm-Brücher

Dr. Dr. h. c. Hildegard Hamm-Brücher *15.12.01*
Staatsministerin a.D.

An den Bundesvorsitzenden der FDP
Herrn Dr. Guido Westerwelle MdB
und die Mitglieder des Präsidiums

Sehr geehrter Herr Vorsitzender,
sehr geehrte Damen und Herren des Präsidiums,

mit sehr herzlichen Grüßen und guten Wünschen zu den Feiertagen muss ich Ihnen zu meinem großen Bedauern mitteilen, dass ich die ständigen antisemitischen, anti-israelischen und einseitig propalästinensischen Äußerungen des Herrn Möllemann, immerhin stellvertretender Bundesvorsitzender unserer Partei, nicht länger hinnehmen kann und Sie bitten möchte, sich öffentlich davon zu distanzieren und Herrn Möllemann aufzufordern, seine im Übrigen altbekannten, nun allerdings vollends unerträglichen Tiraden zu unterlassen. Andernfalls würde ich mich gezwungen sehen, die FDP zu verlassen, was ich schon deshalb bedauern würde, weil ich den derzeitigen offenen und unabhängigen Kurs unserer Partei und ihrer Führung nachdrücklich unterstütze (mit Ausnahme der unseriösen, aufgeblasenen und von unseren Wählern nicht ernst genommenen 18-Prozent-Propaganda-Anmache).
In der Hoffnung, dass meine Ultima Ratio nicht notwendig ist, verbleibe ich Ihre

H. Hamm-Brücher

Dr. Dr. h.c. Hildegard Hamm-Brücher *6. Mai 2002*
Staatsministerin a.D.

An den Bundesvorsitzenden der FDP
Herrn Dr. Guido Westerwelle MdB –
auch z.K. der Mitglieder des Präsidiums
Bundesgeschäftsstelle der FDP
Postfach 040349
10062 Berlin

Sehr geehrter Herr Vorsitzender,
lieber Herr Westerwelle,

es lässt mir keine Ruhe, genauer gesagt: Es beunruhigt mich sehr, dass sich unsere Partei in ihren Äußerungen zur Nahost-Politik mehr und mehr den sattsam bekannten antiisraelischen und einseitig propalästinensischen Positionen des Herrn Möllemann annähert. Für viele unserer angestammten Wähler und Mitglieder (zu denen ich mich zähle) wird das nachgerade unerträglich, weil dahinter eine neue Variante von Antisemitismus salonfähig wird. Ich denke dabei auch an verstorbene Liberale wie Ignaz Bubis und Heinz Karry, die diesen opportunistisch ins rechte Fahrwasser einmündenden Kurs nie und nimmer gebilligt hätten.
Zwar werden seitens der Partei immer mal wieder Details dementiert, bisher ist aber niemals eine eindeutige Distanzierung zu Möllemanns Kurs erfolgt. – (Der einzige Widerspruch kam bisher von Frau Leutheusser-Schnarrenberger, wofür ich ihr ausdrücklich danken möchte.) So muss sich der Eindruck verstärken, dass sich die FDP für Wähler profilieren will, die den auf

beiden Seiten grausam geführten Kampf für und gegen das Existenzrecht Israels zum Vorwand nehmen, um ihren mehr oder weniger getarnten Antisemitismus zu rechtfertigen. So jedenfalls wird das nicht nur von jüdischen Mitbürgern verstanden. Ich schäme mich für meine Partei, dass dieser Eindruck überhaupt entstehen konnte, und dafür, dass er nicht entschlossen, aufrichtig und glaubwürdig zerstreut wird.

Bereits am 15.12.01 hatte ich mich an Sie mit der Bitte gewandt, den antiisraelischen und einseitig propalästinensischen Äußerungen des Herrn Möllemann entgegenzutreten. Statt einer persönlichen Antwort von Ihnen erhielt ich ein paar halbherzige Pressemitteilungen.

Heute ist dies nun ein neuerlicher (und auch mein letzter) Versuch, Sie, sehr geehrter Herr Westerwelle, zu einer unmissverständlichen Kursänderung zu bewegen. Falls dies nicht geschieht, werde ich die FDP, der ich seit 1948 angehöre, verlassen. Wenn wir nicht wenige Monate vor den Bundestagswahlen stünden, würde ich den Schritt, der mir schwer fällt, schon jetzt tun. Noch aber überwiegt ein Rest an Verbundenheit und Rücksicht zu meiner Partei, der ich in einem entscheidenden Wahlkampf, wenn irgend möglich, nicht schaden möchte.

Jedoch werde ich in diesem Sinne die weiteren Äußerungen und Positionen der Parteiprominenz (auch in ihren Zwischen- und Untertönen) aufmerksam verfolgen. Neuerliche, tendenziell antisemitische und antiisraelische Stellungnahmen würden zu den angekündigten Konsequenzen führen.

In der Hoffnung, dass diese, meine Ultima Ratio nicht notwendig sein wird, verbleibe ich mit guten Wünschen Ihre (Noch)Parteifreundin.

Dr. Dr. h. c. Hildegard Hamm-Brücher *23. Juni 2002*

An den Bundesvorsitzenden der FDP
Herrn Dr. Guido Westerwelle
Bundesgeschäftsstelle
Postfach 040349
10062 Berlin

Sehr geehrter Herr Westerwelle,

infolge der anhaltenden Diskussion (vergl. beispielhafte Leserbriefe aus der SZ vom 18. 6. – beigefügt) über die von Ihrem Stellvertreter vom Zaun gebrochene Auseinandersetzung über seinen rechtspopulistischen und primitivsten Antisemitismus schürenden Attacken, sehe ich mich veranlasst, meinen einschlägigen Briefen vom Dezember 2001 und Mai 2002 einen dritten hinzuzufügen. Zwar ist es Ihnen in allerletzter Minute gelungen, Ihren »Widersacher« (denn das ist M. – nicht Ihr loyaler Stellvertreter) pro forma einigermaßen ruhig zu stellen und die Folgen seiner putschartigen Vorstöße ins rechte Wählerreservoir einzudämmen, eine wirkliche Abkehr von seinem Kurs ist jedoch – mangels weiterführender Konsequenzen – nicht zu erkennen. Dieses Versäumnis wirkt nach außen wie ein abgekartetes Doppelspiel und wird eine schleichende »Haiderisierung« der FDP zur Folge haben. Vielleicht werden Sie damit bei den Bundestagswahlen sogar einen temporären Teilerfolg erzielen, jedoch um den Preis, ungezählte angestammte Wähler zu verlieren, vor allem aber unser seit über 50 Jahren gewachsenes liberales Grundverständnis, samt unserer Identität.

Schon jetzt ist die Partei des politischen Liberalismus in ein Richtungsschisma geschliddert, das sich vielleicht noch bis zur Wahl verkleistern lässt, dann aber zu einer innerparteilichen Zerreißprobe führen wird. Ob sich das Rad nach rechts dann noch zurückdrehen lässt, scheint mir mehr als fraglich.

Ich würde Ihnen meine diesbezüglichen Besorgnisse lieber persönlich sagen, statt sie, wie folgt, zusammenzufassen: Solange Sie sich nicht wirklich von M. distanzieren bzw. trennen und wenn Sie nicht dafür sorgen, dass der eigentliche Draht- und Strippenzieher dieses Kurses namens Goergen alias Fliszar die »rote Karte« erhält, solange sägen Sie an dem Ast, auf dem Sie schon jetzt nicht mehr so fest sitzen wie noch vor wenigen Monaten.

Abgesehen davon und Wahltaktik hin oder her: Ich habe in den über 50 Jahren Parteizugehörigkeit viele Aufs und Abs der FDP erlebt, aber noch nie eine solch primitive und opportunistische Wahlkampagne. Da werden keine Tabus gebrochen, sondern altbekannte rassistische Instinkte belebt, geschürt und geduldet.

Diese kritischen Zeilen kann ich Ihnen, sehr geehrter Herr Vorsitzender, nicht ersparen, und ich hoffe sehr, dass Sie nicht nur mit der Übersendung von Pressemitteilungen darauf reagieren. Meine herzliche Bitte: Verschließen Sie sich nicht dem aufrichtig gemeinten Rat aus dem Kreis der von Ihrem Vertreter so übel verhöhnten »alten Garde«.

H. Hamm-Brücher

Dr. Dr. h. c.
Hildegard Hamm-Brücher
Staatsministerin a.D.

Sonntag, den 22.09.2002
(14 Uhr)

An den Vorsitzenden der FDP
Herrn Dr. Guido Westerwelle
FDP Bundesgeschäftsstelle
Reinhardtstr. 14
10117 Berlin

Sehr geehrter Herr Vorsitzender,

nach mehrmonatiger Bedenkzeit erkläre ich heute, am 22. September meinen Austritt aus der FDP. Diese Entscheidung habe ich bewusst v o r dem Wahlausgang und ihren Ergebnissen, sowie unabhängig von der politischen Zukunft Ihres Stellvertreters getroffen.
Meine Entscheidung, die mir sehr schwer gefallen ist, basiert auf der Einsicht, dass ich meine persönlichen und politischen Grundwerte in der heutigen FDP nicht mehr ausreichend vertreten kann und gewährleistet sehe. Aus dieser Entwicklung und insbesondere durch die andauernde rechtspopulistische, antiisraelische und tendenziell Antisemitismus schürende Agitation des stellvertretenden Parteivorsitzenden ist eine wechselseitige Entfremdung zwischen der Partei und mir entstanden, die für mich unerträglich und irreparabel geworden ist, weil sie die Fundamente meiner Überzeugungen für mein politisches Engagement infrage stellt.
Nach dem Erleben und den Erfahrungen der Nazidiktatur wollte ich seit 1945 alles in meinen Kräften ste-

hende dazu beitragen, dass in Deutschland nie wieder Rassen- und Fremdenhass direkt oder indirekt geschürt oder gar geduldet werden darf. Jüdischen und anderen rassischen und/oder religiösen Minderheiten sollten hinfort nicht nur eine angstfreie, sondern auch eine geachtete und gleichberechtigte Existenz gesichert und garantiert werden. Das schließt auch das Existenzrecht des Staates Israel in gesicherten Grenzen ein. Aus diesen Gründen konnte und kann ich diesbezügliche taktische Kursschwankungen und Formelkompromisse, wie sie in der FDP gang und gäbe geworden sind, nicht länger mittragen.

Meine diesbezüglichen Besorgnisse habe ich Ihnen, Herr Vorsitzender, wiederholt mitgeteilt und dabei auf Ihre besondere Verantwortung für absehbare (Fehl)Entwicklungen in der FDP hingewiesen. (Ich erinnere an meine Briefe vom 12. Dezember 2001 und vom 6. Mai sowie 23. Juni 2002) – Ihre Reaktionen auf meine und andere warnende Stimmen, vor allem aber Ihr zögerliches Verhalten hinsichtlich der Eskapaden Ihres Vertreters haben mich in meiner Kritik bestärkt, dass Sie Ihre Führungsverantwortung nicht rechtzeitig und nicht ausreichend wahrgenommen haben. Sie haben zu lange geschwiegen und dem Möllemann-Kurs nicht rechtzeitig Paroli geboten. Für »Last-minute«-Absetzbewegungen ist es nun zu spät. Langwierige Personalquerelen und Turbulenzen sind absehbar.

Mein Resümee: Nach 54-jähriger Parteizugehörigkeit (darunter viele Jahre in führenden Parteiämtern) vermag ich in einer zur rechten Volkspartei à la Möllemann gestylten FDP keine Spuren eines Theodor Heuss, eines Thomas Dehler und Karl-Herrmann Flach, eines Ignaz Bubis und vieler anderer aufrechter Liberaler mehr zu entdecken. Damit habe ich meine politische Heimat verloren und muss von heute an, traurigen Herzens, zur Wechselwählerin werden.

H. Hamm-Brücher

BUCHVERÖFFENTLICHUNGEN – EINE AUSWAHL

Auf Kosten unserer Kinder. Hamburg 1965
Aufbruch ins Jahr 2000. Reinbek 1967
Gegen Unfreiheit in der demokratischen Gesellschaft. München 1968
Bildung ist kein Luxus. München 1976
Kulturbeziehungen – weltweit. München 1980
Der freie Volksvertreter – eine Legende? München 1990
Der Politiker und sein Gewissen. München 1991
Freiheit ist mehr als ein Wort. Eine Lebensbilanz. Köln 1996
Zerreißt den Mantel der Gleichgültigkeit. Berlin 1998
Erinnern für die Zukunft. München 2001